ASSISE

SOUVENIRS

DU

BEAU PAYS DE SAINT FRANÇOIS

PAR

M. L'ABBÉ J.-G. CONTENSOU

TOURS

MAISON ALFRED MAME ET FILS

ASSISE

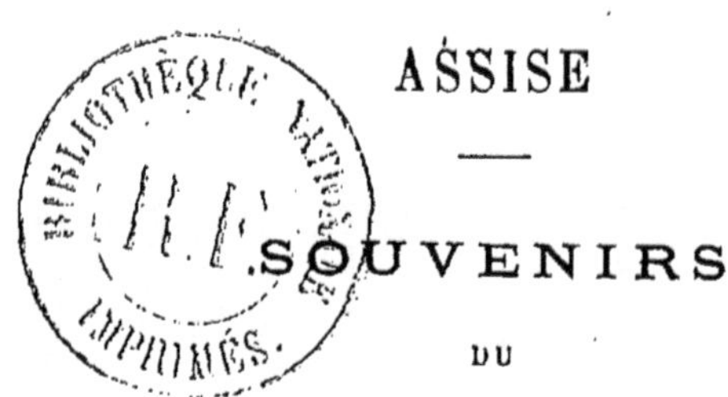

SOUVENIRS

DU

BEAU PAYS DE SAINT FRANÇOIS

4ᵉ SÉRIE GRAND IN-8ᵉ

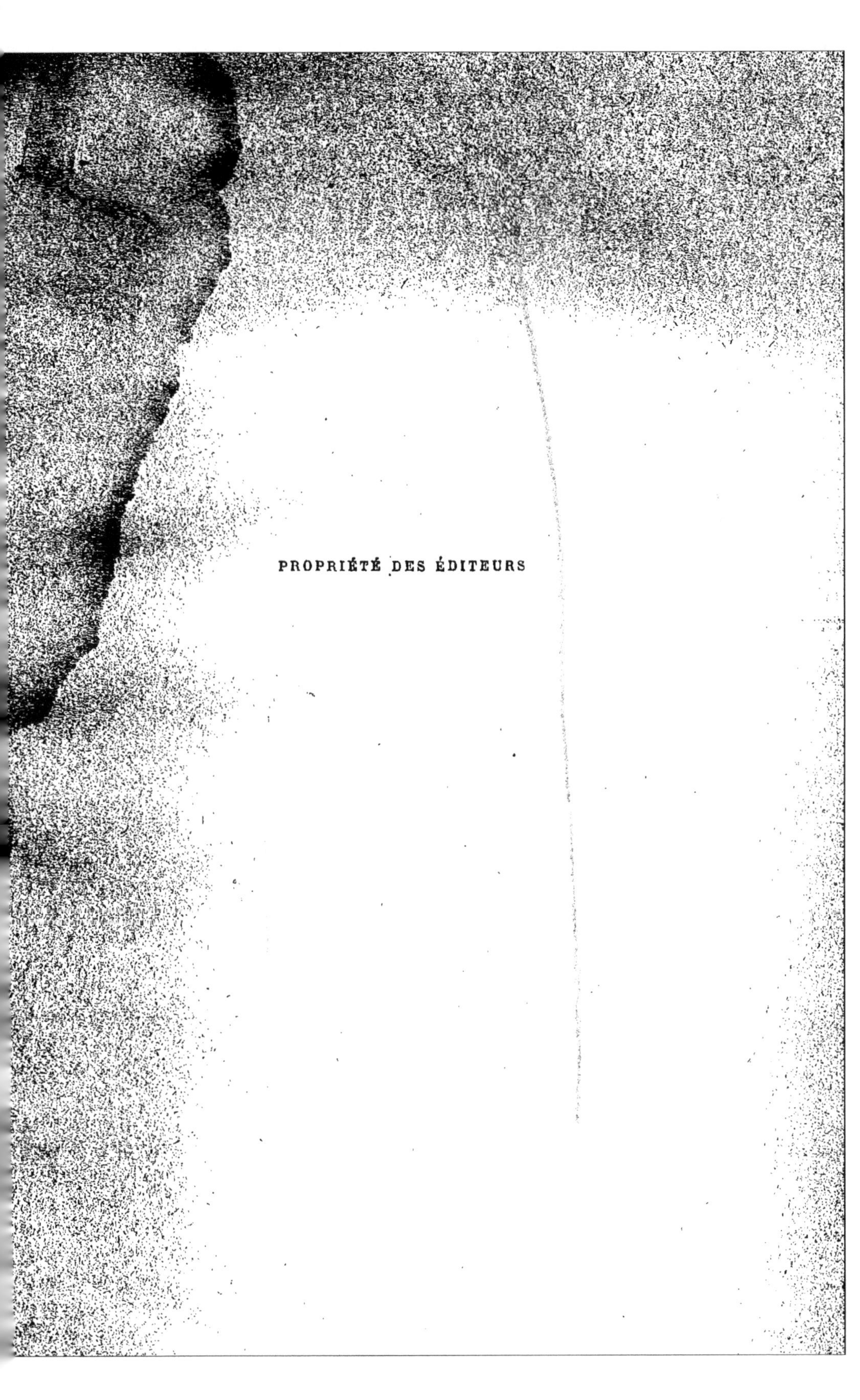

Saint François d'Assise (d'après Zurbaran, musée de Munich).

ASSISE

SOUVENIRS

DU

BEAU PAYS DE SAINT FRANÇOIS

PAR

M. L'ABBÉ J.-G. CONTENSOU

CURÉ DE N.-D. D'ARDUS AU DIOCÈSE DE MAUTAUBAN

AVEC UNE PRÉFACE DU RÉVÉREND PÈRE MARIE-ANTOINE

RELIGIEUX CAPUCIN DE SAINT-FRANÇOIS D'ASSISE

TOURS

MAISON ALFRED MAME ET FILS

A

MON BIEN-AIMÉ FRÈRE

MONSIEUR LE CHANOINE CONTENSOU

MAITRE DE CHAPELLE

ET ORGANISTE DE LA CATHÉDRALE DE MONTAUBAN

MEMBRE DE LA SOCIÉTÉ ARCHÉOLOGIQUE

ET

DE L'ACADÉMIE DES SCIENCES ET BELLES-LETTRES

DE MONTAUBAN

ÉVÊCHÉ DE MONTAUBAN

Montauban, le 8 décembre 1898.

Mon cher ami,

Vos *Souvenirs du beau pays de saint François* respirent l'enthousiasme du touriste et la piété du pèlerin.

Sites pittoresques de l'Ombrie, monuments et basiliques d'Assise, fresques du Giotto, beautés de la nature, chefs-d'œuvre de l'art, tout vous arrête et vous enchante.

Ces descriptions, ces récits, auxquels vous vous complaisez, ne sont, il est vrai, dans votre pensée, que le cadre harmonieux qui donnera plus de relief à la grande figure du pauvre d'Assise.

Vous en esquissez les traits d'après le portrait qu'en a tracé le plus illustre de ses fils. Vous empruntez à la *Légende majeure* les principaux épisodes de cette existence merveilleuse, et vous préparez ainsi l'âme du pèlerin aux douces émotions que vous avez ressenties dans ces sanctuaires où vit le souvenir aimé, où reposent les restes glorieux de ce saint patriarche.

Ces émotions, vos lecteurs les partageront, et vos *Souvenirs du beau pays de saint François* contribueront à faire mieux connaître « un saint », à le faire aimer davantage.

C'était toute votre ambition, — en publiant ces pages, — elle sera satisfaite.

C'est l'espoir et le vœu de votre dévoué,

CAL. DAUX, VIC. GÉN.

LETTRE DU RÉVÉREND PÈRE MARIE-ANTOINE

RELIGIEUX CAPUCIN DE SAINT FRANÇOIS D'ASSISE

VIVE JÉSUS ! MARIE ! JOSEPH ! FRANÇOIS !

Du monastère de Liguge, près Poitiers, ce 3 décembre 1898,
en la fête de saint François Xavier.

La paix de Jésus,
Et toutes les bénédictions célestes !

BIEN CHER MONSIEUR LE CURÉ,

Vous avez eu le bonheur de visiter la ville d'Assise, où saint François, mon séraphique père, est né, où il a vécu et où il est entré dans la gloire. Vous avez été ravi, et vous avez écrit un livre tout embaumé du parfum de votre piété, où vous nous dites tous vos ravissements et vos joies, et les grâces de votre saint pèlerinage.

Je vous en félicite et vous en remercie.

Il y a deux endroits sur la terre où le cœur chrétien trouve ses plus chères délices : la Palestine, où est né, où a vécu, où est mort et où est entré dans la gloire Jésus, le DIEU FAIT HOMME, et Assise, où est né, où a vécu, où est mort, et où est entré dans la gloire François, l'HOMME DIVINISÉ, l'homme tellement identifié avec le Christ, qu'on a pu dire de lui : *Franciscus alter Christus,* et que l'Église proclame qu'il a rempli sur la terre le même rôle qu'y a rempli le Christ : « La terre, s'écrie-t-elle, se mourait privée d'amour : *Frigescente mundo.* François est venu lui rendre la vie en lui rendant l'amour. »

Pour savoir ce que l'amour de Dieu a fait pour l'homme, il faut aller en Palestine; pour savoir ce que l'amour de l'homme a fait pour Dieu, il faut aller à Assise.

Jamais l'homme ne connaîtra et ne comprendra ce qu'il y a eu en Dieu de plus grand et de plus beau, s'il ne va pas en Palestine; jamais l'homme ne connaîtra et ne comprendra ce qu'il y a eu en l'homme de plus grand et de plus beau, s'il ne va pas à Assise.

Qu'y a-t-il, en effet, de plus grand et de plus beau en Dieu et en l'homme que l'amour?

Quiconque donc n'aura pas, dans sa vie, fait ces deux pèlerinages, n'aura pas vu ce qu'il y a à voir, ici-bas, de plus grand et de plus beau.

Or il y a deux manières de faire un pèlerinage : la première et la plus parfaite est de le faire corps et âme tout ensemble; d'aller voir avec ses yeux; d'aller toucher avec ses mains; d'aller baiser avec ses lèvres.

La seconde c'est, ne pouvant s'y transporter de corps, de s'y transporter avec son âme, et avec *toute son âme*; c'est-à-dire avec une foi vive, une piété intime, une émotion profonde, un amour délicieusement senti.

Cette seconde manière, quoique moins complète que la première, a certainement devant Dieu autant de mérite, et est en même temps pour l'âme aussi grandement utile qu'agréable.

Pour cela il faut un livre écrit avec le plus grand soin, la plus parfaite exactitude et la plus vive piété, par celui qui a eu le bonheur de voir, de toucher et de baiser de ses lèvres; par celui qui a aimé et compris l'amour dans tous ces lieux sanctifiés. Il faut que celui qui écrit ce livre prenne le lecteur comme par la main pour lui faire visiter pas à pas avec lui tous les lieux témoins des merveilles qui l'ont ravi, afin de le faire aussi jouir de toutes les saintes joies dont il a lui-même joui.

Ce livre, vous l'avez écrit. Aussi quel charme délicieux et quelle joie séraphique éprouve l'âme pieuse dans sa lecture!

Encore une fois, je vous en félicite et vous en remercie.

Vous ne pouviez rendre un plus grand service aux âmes si malades, et à notre société si malade!

On parle sans cesse de PROGRÈS. C'est vrai, il y a progrès; mais quel progrès! C'est un progrès EXTRA VIAM! un progrès vertigineux dans la décadence.

En ramenant les âmes et la société à Assise, vous les ramenez dans la voie du progrès véritable; vous les enseignez à progresser, non dans la décadence, mais dans les séraphiques et divines ascensions : ASCENSIONES DISPOSUIT.

Les trois églises dont vous leur parlez si bien, et qui, à Assise, se trouvent, non sans mystère, placées l'une sur l'autre, en sont la sublime et éclatante expression.

La première est celle du tombeau. Ah! c'est que la mort à soi-même est la base nécessaire de toute divine ascension. C'est saint François mourant à lui-même et épousant la pauvreté et le sacrifice.

La seconde, c'est saint François s'élevant dans la première région de la charité, en se dévouant corps et âme à ses frères, et en embrassant les lépreux du corps et de l'âme.

La troisième, c'est saint François atteignant les plus hautes régions de la charité et les sommets suprêmes du divin amour. C'est saint François se plongeant dans l'océan d'amour, vivant plus au ciel que sur la terre, chantant son *Cantique du soleil*, et s'écriant dans ses amoureuses et séraphiques extases : *L'amour m'a mis dans une fournaise, dans une fournaise d'amour.*

L'enfer, c'est la haine; le ciel, c'est l'amour. Ramener la société à saint François, c'est la ramener à l'amour; la ramener à l'amour, c'est faire descendre le ciel sur la terre. La solution de la question sociale est là.

Entendez un député catholique parlant ces jours derniers, en Belgique, devant la chambre des députés :

« Quand François d'Assise voulut réformer la société, alors malade comme est la nôtre, il ne fit pas de grands discours politiques.

« Il était jeune, il était beau, il était fortuné; il se dépouilla de tout; il se revêtit de bure, et il se prit d'un immense amour pour Dieu et les pauvres; et, pour leur donner tout, comme il le dit dans son langage de poésie sublime, il épousa *dame la pauvreté.*

« Les sages du temps le traitèrent de fou. Mais des milliers de chrétiens imitèrent son exemple, et la société fut sauvée.

« Vous qui parlez tant de progrès social et de réforme sociale, imitez cet homme admirable; distribuez vos biens aux pauvres, comme il les distribua; vivez pauvrement comme il a vécu; ôtez vos beaux habits pour les échanger contre des vêtements de bure;

privez-vous de vos plaisirs pour adoucir les peines du pauvre qui souffre, et partagez tous vos biens avec lui; alors peut-être on vous croira. Mais il faudrait croire vous-même! Vous voulez, dites-vous, réformer la société, faites comme François d'Assise, commencez par vous réformer vous-mêmes. »

Voilà le cri du bon sens. C'est le cri du divin amour. Comment s'oublier soi-même, se dévouer et se sacrifier sans le divin amour?

Après la voix du député de Belgique, entendez celle d'un de nos évêques de France. Il s'adresse à M. François Coppée, notre poète académicien :

« En vous recevant au milieu de nous, comment oublier celui dont vous portez le nom si glorieux?

« C'était au commencement du XIIIᵉ siècle; dans une petite ville d'Italie, vivait un jeune homme que les joies et les belles choses de la vie passionnaient.

« Il portait dans son cœur des trésors de poésie profonde et pure; mais la baguette divine qui devait ouvrir ce grand cœur n'avait pas encore frappé.

« Or un jour il rencontra une *dame* couverte de haillons, que tous repoussaient. Notre jeune homme, éclairé d'une lumière supérieure, comprit sa beauté idéale. Il s'en éprit et l'épousa.

« Dès lors il s'éleva à une haute sainteté, et la poésie coula à flots de son âme toujours en extase.

« Quand on visite, à Assise, la basilique supérieure, on ne se lasse pas de contempler ce mariage de saint François et de la sainte pauvreté, chef-d'œuvre de Giotto.

« Pour vous, monsieur, la poésie jaillit de bonne heure de votre cœur, et s'épandit au milieu de nous; avec quel éclat, avec quelle richesse? le monde entier le sait.

« Mais il y avait là, au fond de votre âme, une source divine qui restait cachée. Cependant vous avez rencontré une *dame* aussi universellement repoussée que celle de votre glorieux patron; mais non moins saintement belle, ni moins capable d'inspirer des chants admirables et d'admirables vertus.

« Touché d'un rayon d'En-Haut, vous l'avez accueillie, vous l'avez épousée et présentée à vos contemporains : c'était la BONNE SOUFFRANCE. Elle a renouvelé votre vie.

« Giotto n'est plus là pour peindre ces noces mystiques qui vous ont rendu à l'Église votre mère; mais les anges les glorifient dans la joie du ciel, et mêlent aux lauriers immortels, qui couronnent votre tête, les palmes qui fleurissent dans l'éternelle poésie du vrai et du bien. »

On comprend, cher monsieur le curé, l'enthousiasme qui s'est emparé de votre cœur, et que vous voulez faire partager à tous vos lecteurs pour un saint qui inspire de si grandes pensées et fait prononcer de si belles et éloquentes paroles.

Encore une fois, je vous en félicite. N'avais-je pas raison de dire qu'en conduisant votre lecteur à Assise, vous lui donnez à voir et à contempler ce qu'il y a de plus beau, de plus grand et aussi de plus utile et de plus nécessaire à voir et à contempler?

Voir saint François, n'est-ce pas voir Jésus? et voir Assise, n'est-ce pas voir Bethléhem, où Jésus a épousé la pauvreté? Voir le Calvaire où Jésus a épousé les souffrances, et voir le mont des Oliviers où il a épousé la gloire?

Voir Assise, n'est-ce pas aussi voir Nazareth, et aussi la maison d'Élisabeth et du *Magnificat,* et aussi le tombeau de la Vierge?

N'y trouve-t-on pas, en effet, Notre-Dame des Anges, où les enfants de saint François vivaient comme Jésus, Marie et Joseph, vivaient à Nazareth?

N'y trouve-t-on pas le pieux monastère de saint Damien, où sainte Claire et ses filles chantaient leur séraphique *Magnificat,* et où l'on trouve aussi l'église qui possède le glorieux tombeau de sainte Claire, la vierge radieuse et la mère si glorieuse?

Soyez donc mille fois béni de toutes vos pages si embaumées! Que tous les cœurs pieux en fassent leurs délices, et que le Seigneur si bon vous en récompense au centuple, en répandant sur l'auteur et sur le livre toutes ses bénédictions célestes.

Toujours en union de cœur et de prières dans son divin cœur, gloire et amour à mon séraphique père saint François!

Vive Jésus dans tous les cœurs!

P. MARIE-ANTOINE.

ASSISE

SOUVENIRS

DU

BEAU PAYS DE SAINT FRANCOIS

PROLOGUE

Notre société contemporaine a la passion du mouvement. C'est une fièvre qui a gagné toutes les classes. Sortir de chez soi, courir au loin, semble un besoin auquel peu savent résister.

Outre la facilité extrême de locomotion créée par nos inventions modernes, les causes en sont nombreuses.

Les unes sont bonnes assurément, utiles, nécessaires même ; d'autres pieuses et saintes. Mais combien d'inutiles, combien d'inexcusables !

Cette passion du voyage est donc un fait indéniable. Ce sera un des signes caractéristiques de notre siècle.

Or il y a plusieurs manières de voyager.

Beaucoup ne cherchent qu'à se distraire, évitent d'en faire une étude sérieuse, profitable, et livrent par conséquent tout au hasard.

Mais les hommes intelligents, alors même qu'ils voyagent pour leur agrément personnel, se proposent aussi de s'instruire ; et, si c'est un lieu saint, un lieu béni qu'ils vont visiter, ils veulent s'édifier.

Les premiers, dont l'esprit ne s'est nullement préparé, n'aperçoivent que sommairement les beautés naturelles ou artistiques qu'ils rencontrent, et souvent ne les soupçonnent pas même, dans la rapidité ou la légèreté de leur course. Aussi il se produit qu'au bout de peu de temps il ne leur reste plus qu'un souvenir vague et confus des pays et des villes qu'ils ont parcourus.

Les autres, au contraire, préparent leur voyage dans leur cabinet avant de l'effectuer. Ils étudient les contrées qu'ils doivent visiter, se rendent compte à l'avance de ce qu'il y a de remarquable, afin de ménager la fatigue, le temps et, par suite aussi, leur bourse; car, dans un voyage, le temps c'est de l'argent. D'ailleurs on ne doit pas oublier que, même dans les musées les plus célèbres, tout n'est certainement pas chef-d'œuvre. Ils ont donc soin de prévoir ce qui sera à admirer. Et, si ces pays ou ces villes ont été le théâtre de quelques faits historiques, ou illustrés par des hommes célèbres ou par de grands saints, ils relisent auparavant le récit de ces faits ou la vie de ces personnages.

Par ce travail préparatoire, durant lequel on prend des notes qui d'ailleurs serviront de guide, le voyage devient plus attrayant, plus complet, plus instructif, et livre peu au hasard. Bientôt, quand on voit sur place ce qu'on a déjà vu dans les livres, l'esprit jouit davantage et emmagasine bien mieux les impressions du moment, avec surtout plus de durée.

Plus tard, au premier appel (fusse même après des années), la mémoire aidée des notes prises sur les lieux et que l'on a complétées au retour, aidée surtout de photographies, les fait revivre avec une fraîcheur qui étonne.

Cette seconde manière de voyager est la seule bonne, agréable, instructive, digne d'un esprit cultivé.

Des excursions, ainsi pratiquées, seraient, à notre avis, un complément on ne peut plus utile à tant de jeunes gens, qui, même intelligents et ayant fait de bonnes études, laissent bientôt évaporer leur vie en des distractions légères, quand elles ne sont point malsaines, et ne contribueraient pas peu à donner à leur esprit un caractère sérieux qui manque si souvent.

Cette préparation est indispensable particulièrement quand on va visiter l'Italie, où il n'y a pas une contrée, pas une ville, nous allions dire presque un coin de terre, qui n'offrent au voyageur, ou de grands souvenirs historiques, ou des monuments remarquables, ou enfin, dans ces monuments, de vrais et immortels chefs-d'œuvre.

Cette terre privilégiée n'est-elle pas aussi la terre des papes? le foyer des arts, le centre de l'Église, par la ville de Rome la patrie des grands saints et des plus célèbres artistes?

Oui, un voyage en Italie doit donc être, plus que partout ailleurs, prévu, préparé, puis soigneusement annoté, sous peine de ne devenir

Pâtre de la campagne de Rome.

ou qu'une course pieuse, si c'est la pensée religieuse qui l'a fait entreprendre, ou bien une simple excursion de touriste qui n'aurait cherché qu'à tuer la monotonie de son temps par des distractions pleines de variété, — c'est vrai, — mais sans profit.

Un premier voyage dans la Péninsule nous avait laissé le regret de n'avoir pu visiter le délicieux pays de saint François; ce pays si justement nommé le paradis de l'Italie : la pittoresque ville d'Assise, qu'a immortalisée à jamais ce séraphique chantre de l'amour divin, terre des miracles, terre des arts.

Autrefois nous rêvions de voir Rome et le pape. C'était l'ardent désir de notre âme sacerdotale.

Il fut pleinement satisfait. Nous en rendons grâces à Dieu.

Nous les avons vus une première fois en 1870, pendant le temps exceptionnellement beau des incomparables splendeurs du concile œcuménique du Vatican.

Ce souvenir restera à jamais gravé dans notre cœur.

Puis, encore, il y a à peine quelques années. Mais dans quelle triste situation ne se trouve point la Ville éternelle!

Capitale du monde chrétien, patrie des âmes baptisées, gigantesque reliquaire qui garde si précieusement toutes les gloires divines et humaines, tabernacle vivant de la papauté, la voilà devenue la proie facile d'une perfidie couronnée!

Le Vicaire de Jésus-Christ captif dans son propre palais!

Autant notre première visite nous avait comblé de joie, autant cette seconde nous remplit de tristesse.

Faut-il le dire? Une fois nos dévotions accomplies aux sanctuaires vénérés; une fois surtout reçu le bonheur d'une audience pontificale et entendue cette voix aimée qui instruit le monde, il nous tardait de repartir.

A tout instant nous nous disions : Quel état alors! et quel état aujourd'hui!

Le catholique et le Français surtout ne s'y trouvent plus chez eux. Leur cœur n'y est plus à l'aise; il s'y sent oppressé.

On dit que les pâtres de la campagne romaine chantent dans leurs solitudes, sur un air attristé, ce refrain :

> Roma ! Roma ! non é più Roma,
> Com' era prima.

« Non, Rome n'est plus notre Rome. »

Dans tous les cas, le saint Père pourrait bien dire avec juste raison cette parole si connue de notre grand poète français :

> Rome n'est plus dans Rome;
> Elle est toute où je suis [1].

Les vrais Romains d'ailleurs ne cachent pas leur pensée sur ce point; ils la disent tout haut, et les pèlerins de toute nation la proclament comme eux.

Oh! comme elles viennent avec tristesse et vérité, à la pensée du

---

[1] Corneille.

Vue de Rome.

prêtre surtout, ces poignantes plaintes du prophète Jérémie, pleurant sur sa Jérusalem désolée :

« La voilà comme une veuve éplorée, la reine des nations ! Elles pleurent les voies de Sion, car plus personne ne vient à ses splendides solennités d'autrefois. Les impies ont brisé ses portes avec leurs engins de guerre. Ses prêtres sont dans les larmes, et ses vierges navrées des douleurs de la persécution ; et elle-même, la ville sainte, est accablée par la plus dure oppression [1]. »

C'est au retour de ce second pèlerinage que nous avons pu enfin visiter Assise, et dans les conditions les plus attrayantes, avec la société archéologique de Montauban. Ce fut pour nous une véritable jouissance qui nous dédommagea des tristesses de la Rome nouvelle. Nous en avons gardé les plus suaves impressions.

Et comme la facilité d'oublier, qui est, à notre avis, une des plus humiliantes infirmités de notre nature, pourrait certainement diminuer ou nous enlever même la jouissance du souvenir, nous allons essayer de le faire revivre, à l'aide de notes personnelles prises sur place, et des photographies rapportées par nous de ce pays privilégié.

Nous mettons humblement ces pages sous la protection puissante du saint et aimable patriarche qui sera l'éternelle gloire de cette exceptionnelle cité.

Ce travail est d'ailleurs l'accomplissement d'une promesse quasi formelle, en reconnaissance à un de ses fils les plus glorieux, au grand thaumaturge saint Antoine de Padoue.

---

[1] « Facta est quasi vidua, Domina gentium. Viæ Sion lugent eo quod non sunt qui veniant ad solemnitatem. Omnes portæ ejus destructæ..., sacerdotes ejus gementes... ; virgines ejus squalidæ, et ipsa oppressa amaritudine. (Jér., *Thren.*, ɪ, 4.)

I

Un écrivain de talent a fait une remarque fort juste, c'est que la dévotion aux saints, aux patrons de la localité, de la profession, était un des traits marquants de la foi de nos ancêtres. Et comme elle est essentiellement moralisatrice, elle devenait, par conséquent, un bien vraiment social. Chacun honorait d'un culte particulier celui qu'il regardait comme son protecteur auprès de Dieu. La province, la cité, la corporation avaient leur saint, au patronage duquel on aimait à se confier.

C'est, en partie, à cette forme expansive de la piété publique, que la France a dû de rester, pendant tant de siècles, la nation très chré tienne.

Il nous souvient d'avoir vu, encore aux jours de notre enfance, dans notre ville natale, chaque corps d'état formé en confrérie, ayant à l'église son banc d'œuvre, se ranger avec joie sous le patronage d'un saint.

Chacune d'elles, constituée en même temps en Secours-Mutuels, rendait de vrais services aux familles qui en faisaient partie. Au jour de la fête, tous les membres de ces précieuses associations regardaient comme un devoir d'assister à la sainte messe dite pour eux, et on y distribuait des pains bénits, — pieuse coutume qui rappelait les eulogies de la primitive Église; — et à l'issue du saint sacrifice ils participaient à un joyeux et fraternel banquet.

Les jours de grandes processions, ces diverses confréries suivaient avec recueillement, mêlant leurs voix aux chants sacrés, chacune sa bannière et le riche pavillon qui portait la statue ou les reliques de son saint vénéré.

Ces dévotions n'ajoutaient pas seulement un grand charme aux croyances, mais surtout elles soutenaient admirablement la foi, affermissaient l'esprit surnaturel dans les âmes auxquelles elles communiquaient cette force qui faisait de nos aïeux de fervents et vigoureux chrétiens.

Oui, comme l'a si bien écrit « une plume épiscopale des plus illustres de ce siècle, chérie non seulement des amis de l'Église, mais aussi de tous ceux qui ne sont pas insensibles aux charmes du style [1] » : « Oui, l'apostolat des saints ne finit pas avec leur vie; leurs reliques aussi ont une mission, elles ne voyagent que pour évangéliser [2]. »

C'est le gracieux commentaire de cette magnifique parole de l'Esprit-Saint : *La gloire des saints ne passera point; leur souvenir sera éternellement béni. Leurs ossements garderont, jusque dans la tombe, une divine fécondité* [3].

Voilà la vraie physionomie des temps passés, bien passés, hélas! Eh bien! maintenant chacun peut voir ce que nous avons gagné à la disparition, presque totale, de ces pieuses et si utiles associations.

Ah! combien il serait à souhaiter que tous les véritables amis du peuple prissent là un puissant exemple et adoptassent ces moyens que pratiquaient nos devanciers pour créer ou raviver dans les âmes l'esprit chrétien en péril, aujourd'hui surtout; moyens qui certes ont fait leur preuve. De l'aveu de tous nous sommes arrivés à une époque d'une exceptionnelle gravité, à ce qu'on est convenu d'appeler « un tournant de l'histoire ».

Voilà cent ans au moins qu'avec une ténacité et un zèle sataniques, la Révolution souffle dans les cœurs son esprit d'impiété et de rébellion. A l'encontre des *droits de Dieu*, bafoués et effrontément

---

[1] Paroles du cardinal Pie.

[2] M⁹ʳ Gerbet.

[3] « Permanens sanctorum virorum gloria; memoria illorum in benedictione, et ossa eorum pullulent in loco suo. » (*Eccli.*, XLVI, 14.)

niés, elle prône et proclame bien haut les prétendus *droits de l'homme*, qu'elle dénature d'ailleurs complètement.

On en est arrivé qu'à cette heure il court dans les masses profondes du peuple, malheureusement trop séduit, une effervescence qui peut, si la religion ne la transforme, devenir terrible. Sans elle nous allons à des catastrophes.

On appelle cela : le péril social, la question sociale. C'est, à bon droit, la grande préoccupation de tous les esprits sérieux.

Sans doute, comme nous l'a admirablement démontré par ses immortelles encycliques le grand pape qui gouverne aujourd'hui l'Église, sans doute la solution de ce redoutable problème est dans le décalogue, et rien que là.

Mais convenons aussi que si nous pouvions parvenir à faire revivre, jusque dans nos campagnes, ces chrétiennes et fraternelles collectivités dont nous venons de parler, où régnaient, sous la bannière d'un saint protecteur, un amour et un appui réciproques; grouper ainsi les diverses classes ouvrières, nous aurions fait un grand pas pour l'amélioration du peuple et la paix sociale.

La mode est aujourd'hui aux syndicats de toutes sortes et de tous noms pour la défense et l'utilité des intérêts matériels. Eh bien! syndiquons ainsi les âmes pour la défense et le recouvrement de la foi.

Il y a soixante ans que passèrent aussi sur la France ce même souffle de nouveauté et cette effervescence populaire, moins qu'aujourd'hui cependant. Aussitôt, sur tous les points du territoire, se levèrent des cœurs généreux, des hommes d'élite, à l'âme débordante d'amour fraternel. Ils se groupèrent sous le nom de confréries ou conférences, dont saint Vincent de Paul devint le patron. Leurs règlements furent fortement approuvés et encouragés par l'Église.

Ils allèrent au peuple qui s'égarait; et, l'enveloppant dans les plis divins du manteau d'une exquise charité, lui rendirent, avec les sentiments chrétiens oubliés, le calme et la paix. Mais il fallait assurer, compléter cette œuvre.

Aussi, comprenant toute l'influence salutaire des dévotions et associations pieuses dont nous parlions, inspirées par le culte des divers saints, les plus connus de ces hommes consacrèrent leur grand talent à raconter, dans des publications et des livres admirablement écrits, quels personnages aimables avaient été les saints. Alors brillèrent d'un éclat tout nouveau, surtout dans notre France, les splendeurs de l'hagiographie chrétienne.

Nommons les plus célèbres seulement :

Montalembert, avec sa gracieuse *Histoire de sainte Élisabeth* et son incomparable livre des *Moines d'Occident*.

Lacordaire, avec sa *Vie de saint Dominique,* si attrayante.

Dom Guéranger, de Solesmes, un des plus illustres personnages de l'Église de France au XIXe siècle, et sans contredit le plus grand moine des temps modernes, par sa suave *Vie de sainte Cécile,* comme aussi par tant de travaux si savants, si précieux, entrepris par lui ou sous son influence.

Léon Aubineau, dont les ouvrages sont éminemment pieux et érudits.

Et il nous plaît d'ajouter encore le nom de

Frédéric Ozanam, qui, dans ses *Poètes franciscains,* nous montre d'une façon merveilleuse un côté peu connu et tout aimable de l'âme de nos grands serviteurs de Dieu.

Tant d'autres enfin qu'il serait trop long d'énumérer.

Disons avec joie que cette tradition de ces écrivains de marque ne s'est certes pas perdue. Elle continue toujours grâces à Dieu. Il semble même qu'à l'heure présente il se produit, sur ce point, une recrudescence admirable. Que d'excellents écrits, que de livres du plus grand intérêt ont paru, depuis, sur les saints ou sur les personnages dignes d'être présentés comme de vrais modèles à nos contemporains! Rendons hommage, en passant, à la plume si féconde et si attrayante de Mgr Baunard, l'éminent recteur de l'Université catholique de Lille.

Oui, ces catholiques éminents ont compris, avec raison, que ce qui manque de nos jours à nos pauvres chrétiens, dévoyés et travaillés par toutes les forces de la révolution, ce n'est certes pas la connaissance de leurs droits, dont on leur parle tant, mais celle de leurs devoirs, oubliés ou faussés. Ils ignorent beaucoup trop ces magnifiques et immortels modèles dont les vies si diverses et toujours aimables leur indiqueraient la voie dans laquelle ils doivent se tenir, et où il faut marcher courageusement, loin des utopies décevantes de notre temps, pour le salut de leur âme, de leur famille et de la société.

C'est bien là faire œuvre éminemment salutaire, au milieu de l'anarchie politique et sociale dont nous sommes les témoins attristés.

Or parmi tous les saints il y en a un dont l'histoire charmait nos pères. L'aïeule, aidée de son gros et vieux livre naïvement illustré[1], en racontait à ses petits-enfants les délicieux miracles, et faisait ainsi tomber, goutte à goutte, le surnaturel dans leur jeune âme. Il aimait tant le peuple, celui-là! Et comme le peuple l'aimait! Ils se comprenaient si bien! Sa vie était toute d'humilité, de pauvreté, de dévouement.

Nous voulons parler du patriarche d'Assise, du très aimable saint François.

C'est assurément une des plus belles figures du moyen âge, peut-être le plus grand homme de son siècle, qui cependant n'a certes pas manqué de personnages illustres, soit dans la sainteté, soit dans les arts.

Cet homme incomparable fut, comme nous le verrons dans un des chapitres suivants, envoyé de Dieu au milieu des brutalités du moyen âge, pour en adoucir les mœurs en les rendant plus chrétiennes; image vivante et sublime leçon de l'Évangile donnée à ces temps si rudes et si batailleurs, où la vie d'un homme était moins estimée que celle d'une brebis.

Contempler cette merveilleuse personnalité est d'ailleurs une véritable jouissance. N'est-ce pas encore une diversion bien consolante au milieu des tristesses et des préoccupations de l'heure présente?

Nous allons essayer d'en faire le sujet d'une humble et pieuse étude.

Ce n'est pas son histoire que nous voulons écrire. Ce serait tout au moins une superfluité; car beaucoup d'autres l'ont racontée, et certains avec un véritable talent et une forme des plus attrayantes. Notre pensée est toute dans le titre même de ce travail.

Cependant, à mesure que nous visiterons les monuments d'Assise, nous raconterons les épisodes de cette merveilleuse existence qui les a rendus célèbres.

Et, de peur de tomber dans des inexactitudes, nous prendrons ces divers récits dans l'ouvrage si intéressant du plus illustre de ses fils spirituels, du grand docteur saint Bonaventure, qui fut presque son contemporain et aussi son successeur dans le gouvernement de son

---

[1] *La Vie des Saints,* par Ribadeneyra, in-folio.

Ordre, ouvrage hautement approuvé par l'Église, et qui a traversé les siècles, digne toujours d'estime et de vénération. Il a pour titre : *Légende majeure ou Vie de saint François.* C'est dans ce livre d'ailleurs qu'ont puisé presque exclusivement tous les historiens, pour le récit des faits, ainsi que nous l'avons constaté souvent en faisant ce travail.

Voilà pour la partie historique.

Quant à la partie artistique, c'est-à-dire aux appréciations des monuments mêmes et des œuvres d'art, il est plus facile, beaucoup plus facile de se tromper. En effet, n'est pas artiste qui veut, ni critique sûr et exact, et les ouvrages sur ce point relatent des opinions parfois assez diverses.

Donc, nous défiant de nous-même et de nos sentiments personnels, nous les avons confrontés le plus possible avec ceux de critiques dont la compétence est reconnue, tels que Cartier, dans son livre sur l'art chrétien; L. Viardot, *les Merveilles de la peinture;* Félix Clément, *Histoire des beaux-arts;* Théophile Gauthier; Taine, *Voyage en Italie,* qui, malgré son scepticisme et parfois une pointe assez prononcée d'hostilité religieuse, a cependant de nombreuses pages d'un incontestable talent et d'un très grand intérêt, et d'autres qu'il est inutile de nommer.

Ainsi avons-nous l'espoir de marcher d'un pas plus sûr et plus autorisé; et si parfois nous nous trompions, ce sera du moins en bonne compagnie.

II

L'OMBRIE

Voici en quels termes Frédéric Ozanam, le délicieux historien des *Poètes franciscains*, a fait la description de cette charmante contrée :

« Quand on quitte Rome en se dirigeant vers le nord, après avoir traversé l'admirable désert de la campagne romaine et passé le Tibre un peu au delà de Civita Castellana, on s'engage dans un pays montagneux qui va s'élevant, comme en amphithéâtre, des bords du Tibre jusqu'aux crêtes des Apennins. Cette contrée, retirée, pittoresque, salubre, se nomme l'Ombrie. Elle a les agrestes beautés des Alpes, les cimes sourcilleuses, les forêts, les ravins où se précipitent les cascades retentissantes, mais avec un climat qui ne sourffe point de neiges éternelles, avec toute la richesse d'une végétation méridionale, qui mêle au chêne et au sapin l'olivier et la vigne.

« La nature y paraît aussi douce qu'elle est grande ; elle n'inspire qu'une admiration sans terreur, et si tout y fait sentir la puissance du Créateur, tout y parle de sa bonté. La main de l'homme n'a point gâté ces tableaux.

« De vieilles villes, comme Narni, Terni, Amélia, Spolète, se suspendent aux rochers ou se reposent dans les vallons, encore toutes crénelées, toutes pleines de souvenirs classiques et religieux, fières de quelque saint dont elles conservent les restes, de quelque grand artiste dont elle garde les ouvrages.

« Il y a peu de sommets si âpres et si nus qui n'aient leur ermitage, leur sanctuaire visité par des pèlerins. Au cœur du pays s'ouvre une vallée plus large que les autres; l'horizon y a plus d'étendue; les montagnes environnantes dessinent des courbes plus harmonieuses; des eaux abondantes sillonnent une terre savamment cultivée.

« Les deux entrées de ce paradis terrestre sont gardées par les deux villes de Pérouse, au nord, et de Foligno, au midi.

« Du côté de l'occident est la petite ville de Bevagna, où naquit Properce, le poète des voluptés délicates; à l'orient, et sur un coteau qui domine tout le paysage, s'élève Assise, où devait naître le chantre du nouvel amour[1]. »

Oui, voilà l'Ombrie que le Dante a si bien chantée par ses vers immortels, une des plus fertiles, des plus pittoresques contrées de l'Italie, l'Ombrie, avec ses fraîches vallées, sa belle ceinture de montagnes azurées, formant des amphithéâtres comme des fonds de tableau et une architecture naturelle. Les poètes l'ont appelée le « Jardin de la Péninsule ». Ils ont raison. Ses cultures variées, ses nombreux fruitiers, ses ormes et ses oliviers, si élégamment mariés à la vigne, ses prairies vertes malgré les chauds rayons du soleil, un ciel très pur; enfin jusqu'à ses champs étagés, tout concourt à composer une décoration riche et bien de nature à nous faire oublier momentanément les monotones champs de blé ou de millet de nos plaines.

Sa fertilité nous rappelait celle de nos bords gracieux de l'Aveyron et de la Garonne, mais en y ajoutant le pittoresque.

Cependant ce pays a, selon nous, une bien plus grande richesse : il est la terre des miracles et des arts.

Que de saints, que de grands artistes il a produits! que d'autres sont venus chercher là leurs inspirations et l'ont à jamais illustré! C'est une contrée exceptionnelle. Là se trouvent :

Assise, avec son incomparable saint François, dont la grandeur, la sainteté prodigieuse, les miracle sans nombre et les œuvres divinement fécondes ont transformé son siècle et se feront sentir jusqu'aux temps les plus reculés.

Assise encore, avec sa suave sainte Claire, avec ses deux grands peintres Giotto et Cimabué.

[1] Frédéric Ozanam, *les Poètes franciscains*.

Foligno, dont la vierge sainte Angèle est l'immortelle gloire.

Spolète, la ville épiscopale de Pie IX, de douce et sainte mémoire.

Pérouse, ville épiscopale de Léon XIII, et, dans ses environs, le lac Trasimène, dont les eaux si calmes semblent murmurer toujours le nom d'Annibal, qui, lors du célèbre combat qu'il livra sur ces bords, écrasa la puissance romaine, tua quinze mille soldats et fit tant de prisonniers que, n'ayant pas assez d'hommes pour les garder, il les renvoya à Rome[1].

Ces souvenirs divers et ces pensées hantaient notre esprit quand nous arrivâmes dans cette contrée privilégiée.

Nous nous attendions donc à voir de belles choses et à recevoir d'agréables impressions. Nos désirs se sont amplement réalisés.

En voici donc le récit.

[1] L'an 218 avant Jésus-Christ.

III

Nous voici donc au beau pays de saint François.

En descendant du train, ce nom béni s'empare de notre esprit; il en occupe toutes les pensées, il ne le quitte plus.

Assise et saint François! voilà deux noms inséparables. Ici la personnalité du saint patriarche absorbe tout. Chaque coin de cette illustre terre parle de lui, raconte quelque épisode de sa merveilleuse vie, a été témoin de ses miracles; il en est l'éternelle gloire.

Cette ville n'est grande que par lui. Son nom est partout, les monuments, les chefs-d'œuvre d'architecture, de peinture, que l'on vient y admirer à si juste titre; mais c'est à cause de lui et pour publier sa gloire qu'ils ont été créés. Sans lui Assise ne serait rien; elle n'aurait à offrir au voyageur qui traverserait sa vallée qu'un site pittoresque et gracieux, comme, après tout, il y en a bien d'autres dans la belle Italie.

Quand on entre dans ses sanctuaires, on respire une atmosphère de surnaturel qui vous saisit, vous émeut et produit dans l'âme une vive impression.

Qu'on le veuille ou non, on vit là toujours en plein moyen âge. On croit respirer un autre air; c'est vraiment l'air de saint François. Il y a dans le monde des lieux sanctifiés parmi tous les autres, des lieux où le surnaturel éclate, se manifeste et émeut profondément

Tels, par exemple, le tombeau de saint Pierre et le Colysée, à Rome ; la Santa Casa, à Lorette ; en France : Paray-le-Monial, Lourdes, Ars.

Eh bien ! les sanctuaires de saint François d'Assise sont de ce nombre.

Je plains celui qui n'y va qu'en touriste ou qui n'est pas chrétien. Quand il aura admiré le splendide panorama qu'on contemple du sommet de la ville, les incomparables fresques de Giotto, de Cimabué, il n'a plus qu'à repartir. Que trouverait-il qui pût l'intéresser, lui qui n'a pas le sens chrétien ? A tout instant il rencontrera des moines à la robe de bure râpée, misérable, trouée ; il parcourra des rues si accidentées qu'on les dirait taillées en escalier, calmes, silencieuses comme un cloître ; il verra que la mendicité y est telle, qu'on la dirait passée dans le sang des habitants, comme elle était dans l'esprit et dans le cœur de saint François, à ce point qu'on croirait qu'ils demandent pour accomplir une vertu évangélique, pour le plaisir de pouvoir donner à leur tour : *Date et dabitur vobis* (Luc, vi, 38).

Il constatera enfin que, dans cette ville, qui ne ressemble à aucune autre, la vie, les habitudes et les mœurs y sont presque claustrales[1]. Oui, celui qui n'a plus l'âme chrétienne ne peut pas rester longtemps à Assise, bientôt il s'y ennuierait terriblement.

Aussi je comprends très bien qu'on lise dans les guides que quatre heures suffisent pour la visiter, et que le sceptique Taine, après avoir cependant admiré, même d'une façon enthousiaste, les célèbres peintures de ses deux grands peintres, après avoir rendu un juste hommage

---

[1] Comme spécimen de mœurs voici une petite anecdote : Pendant que nous dînions à l'albergo Subasio, le seul bon hôtel d'Assise, tout à côté de nous, à une petite table, deux officiers de l'armée régulière achevaient leur repas. Quand ils eurent fini, ils prirent leur verre ; et, selon l'expression accoutumée, trinquèrent amicalement en disant : *Alla vostra salute.* Puis ayant bu tout d'un trait, ils firent un signe de croix, en guise de grâces, et sortirent. Ce trait de mœurs nous parut charmant. La France a perdu presque toutes ses formules et habitudes chrétiennes. La révolution les lui a volées, car la révolution est instinctivement mal élevée et peu honnête. Dès le début, elle se signala, il y a cent ans, par les : *Citoyen, citoyenne,* appliqués à n'importe qui, et par le tutoiement obligatoire, si nuisible au respect et à cette noble politesse française, qui était la caractéristique de notre nation ; tutoiement que, pour le dire en passant, des parents ignorants sans doute de son origine révolutionnaire, ou irréfléchis, ont la faiblesse de laisser encore dans la bouche de leurs enfants vis-à-vis d'eux, ce qui en fait leurs camarades et leurs égaux. Il reste encore quelques rares, bien rares formules chrétiennes d'autrefois, comme : *Adieu ! Dieu vous bénisse !* Mais patience, pour peu que cela dure, tout sera bientôt *laïcisé.*

Vue générale d'Assise.

au grand saint qu'elles représentent, n'ait que des paroles de dédain pour la basilique de la Portioncule, par exemple.

Un mot maintenant sur le site de la ville.

Elle est bâtie sur une pente du mont Subasio. Son aspect est des plus gracieux et à la fois des plus pittoresques.

Vue de la gare ou de la basilique de la Portioncule, qui est dans la vallée, elle a l'air d'une grande citadelle, d'une forteresse du moyen âge, d'un *castellum*, comme disaient les anciens Romains.

Située sur le flanc de la montagne, étroite mais longue, adossée à des rochers fort élevés, elle serait facilement imprenable du côté de la vallée. De hautes montagnes la protègent et la mettent à l'abri de toute surprise.

Aussi je comprends très bien qu'elle ait pu soutenir plusieurs sièges mémorables, comme, par exemple, celui des Sarrasins, au temps de sainte Claire, qui la sauva par un miracle. N'y arrivez pas après dix heures du soir, car toutes les lourdes portes de fer auraient roulé sur leurs gonds, et aucune ne se rouvrirait avant l'aurore du lendemain. Vieille coutume du moyen âge, que rappellent, au reste, tant d'autres choses dans cette antique cité.

Les géographes disent qu'elle compte seize mille habitants. C'est possible, mais il n'y paraît guère, car bien des maisons semblent fermées. Il est vrai cependant que les enfants et les moines y abondent. Toutes les branches de l'ordre séraphique y ont poussé de très fortes racines, et l'on sait si elles sont nombreuses, tant pour les religieux que pour les religieuses. C'est tout naturel, c'est leur terre d'origine. C'est là surtout qu'ils sont chez eux.

Les historiens racontent des détails assez intéressants sur l'histoire d'Assise. Son origine remonterait très loin; elle se perd, disent-ils, dans la nuit des temps, selon l'expression accoutumée.

Pline parle de plusieurs assauts qu'elle aurait soutenus contre les peuplades étrusques, qui finirent par s'en emparer et qui en asservirent les habitants dont, dit-il, le caractère était aussi rude que ses hautes murailles et peu commode. Plus tard les Romains, comprenant la difficulté qu'il y aurait à les tenir sous le joug, voulurent les gagner par la douceur; aussi leur accordèrent-ils, dès les premiers temps de la république, le droit de cité; ils les dotèrent de théâtres, de cirques, leur construisirent des aqueducs, et leur procurèrent enfin un certain bien-être. En gens habiles ils comprenaient la vraie politique du ralliement qui est : *do ut des*. Dès que le christianisme parut, saint Pierre voulut les gagner à Jésus-Christ. Il leur envoya de Rome des apôtres de la bonne nouvelle. Les trois premiers évêques y subirent le martyre. En cela rien d'étonnant.

C'est comme une loi de la Providence, depuis le sacrifice du Calvaire, que le sang des martyrs soit une semence pour faire régner la foi. On ne trouverait peut-être pas une seule chrétienté dans tout l'univers, dont les fondements n'aient été arrosés par le sang de ses premiers apôtres. Notre-Seigneur a donné l'exemple quand il a établi son Église. Les douze l'ont suivi ; et, le long des âges, il en a été ainsi toujours, sous tous les cieux et dans toutes les contrées où ses envoyés ont planté la croix et prêché son Évangile.

La puissance des Nérons apparut aussi à Assise ; ils firent peser sur elle leur joug de fer. Ce ne fut qu'à grand'peine, et par la tyrannie la plus sanglante, qu'ils en continrent les malheureux habitants.

Plus tard, quand Attila le Goth ravagea l'Italie, il s'empara lui aussi de cette ville, la brûla après l'avoir ruinée et saccagée. Lorsque les Barbares eurent disparu, il lui fallut longtemps pour se reconstituer ; elle y parvint pourtant, car, par tempérament, sa vitalité est grande.

Charlemagne y vint à son tour. C'était en rentrant de Rome, où il avait porté au pape ses cadeaux de noce. En monarque chrétien, il la traita avec grande bienveillance. Il en fit une forteresse de ses Marches, sa situation topographique se prêtant à merveille à ce rôle. Par son ordre, la croix de Jésus-Christ y fut plantée de nouveau avec honneur ; il voulut que la foi servît puissamment à la transformer, et à assouplir sous son joug paternel les rudes caractères de ses habitants, qui connurent enfin des jours tranquilles et heureux.

Mais après la mort du grand roi, ses fils, n'ayant pas su garder l'Italie, perdirent Assise, et cette ville passa en d'autres mains. Ce fut une nouvelle série de temps malheureux pour elle. Les guerres, les divisions de tout genre, avec les désastres qui en sont la suite inévitable, arrivèrent et accablèrent toute cette belle province de l'Ombrie. Elles duraient encore au temps de la jeunesse de saint François puisque, comme nous le verrons, c'est dans une de ces luttes meurtrières qu'il fut fait prisonnier et conduit à Pérouse.

Voilà en raccourci quelques notions historiques sur Assise.

IV

LA SOCIÉTÉ CHRÉTIENNE DU XIIe SIÈCLE ET AU TEMPS DE SAINT
FRANÇOIS — L'ENVOYÉ DE DIEU

Quand Dieu destine un homme à une mission providentielle, il fait
surgir pour lui un événement qui illumine son âme, la transforme
et la prépare. « Car, dit excellemment saint Thomas d'Aquin, Dieu
proportionne toujours les secours qu'il accorde à une âme aux des-
seins qu'il a sur elle. »

D'ordinaire, pour ces grandes figures de l'histoire chrétienne, cet
événement transformateur fut, ou une épreuve, ou bien de longs
jours passés dans la solitude et le silence.

C'est dans la grotte sauvage de Subiaco que l'aimable et noble
enfant de la vieille Maison patricienne des Anicius et des seigneurs
de Nurcie devint le grand saint Benoît, le réformateur de la vie
monastique en Occident.

C'est à la suite d'une blessure reçue au siège de Pampelune et dans
la grotte de Manresa, que le courageux chevalier de la Biscaye devint
saint Ignace de Loyola, l'illustre fondateur de la compagnie de Jésus.

Et, entre les deux, c'est aussi dans les prisons de Pérouse que le
joyeux et brillant fils du riche marchand d'Assise modifia ses pensées, ses goûts, et prépara son âme aux effluves de la grâce qui
allait en faire un instrument de régénération religieuse et sociale.
L'apparition de saint François fut, en effet, un acte vraiment providentiel.

Lorsqu'on a parcouru sa merveilleuse vie, étudié les œuvres étonnantes qu'il a accomplies (et en si peu de temps), on est contraint de s'écrier avec le Psalmiste : *Oui, Dieu est vraiment admirable dans ses saints* [1]. Ils sont une preuve de sa tendresse, un don de son amour. Et sa sagesse divine apparaît aussi grande que sa bonté; car Il les fait surgir, par des moyens à Lui, à l'heure où le monde en a le plus besoin; à l'heure que sa Providence a fixée pour sauver son Église. Il ne faut pas oublier, en effet, que c'est le propre du secours divin d'arriver toujours au moment le plus opportun; et même la principale efficacité de l'intervention divine consiste dans sa parfaite opportunité, selon la parole du grand apôtre [2].

Oui, redisons-le, cet à-propos providentiel, qui se manifeste dans tous les grands événements de l'Histoire, — et certes, nous en savons quelque chose, nous Français, car nos annales en sont pleines, — se montre particulièrement dans l'apparition des saints, suscités par Lui, pour restaurer la société principalement dans les fondateurs de nos grands Ordres religieux. Admirons-le, par exemple, dans le don qu'Il fit de saint François. Étudions pour cela le temps où apparut ce séraphique réformateur de la société chrétienne.

Quelle triste époque alors! Dans quelles angoisses ne se trouvait pas l'Église en cette fin de siècle! Ah! il avait été vraiment beau, à son matin, ce XIIe siècle, le front resplendissant d'une auréole de foi, de gloire et d'une immense espérance.

On avait vu alors se réaliser, en grande partie du moins, cette conception grandiose de l'illustre et saint pontife saint Grégoire VII, et que certains historiens, à courte vue ou passionnés, ont osé taxer de beau rêve.

Henri IV d'Allemagne, l'ennemi juré et sacrilège de la papauté et de l'Église, était descendu ignominieusement dans la tombe. L'Europe en avait fini avec ses luttes détestables et impies des investitures, ainsi qu'avec ses querelles batailleuses et incessantes de duché à duché et de peuple à peuple. Jamais on n'avait vu dans le monde chrétien un pareil rétablissement de l'unité. C'était enfin la paix, la tranquillité, l'union.

Et au sommet de l'ordre social était assis, sur un trône universel-

---

[1] Ps. LXVII, 36.
[2] « Gratiam in tempore opportuno. » (Aux Hébreux, IV, 16.)

lement respecté et aimé, le pontife romain. A sa voix, de tous les points de l'horizon chrétien, les fidèles étaient accourus. Marqués de la croix, ils avaient courageusement refoulé au loin l'islamisme et arboré sur le tombeau reconquis du divin Rédempteur son étendard sacré.

A Jérusalem même, un royaume chrétien était fondé. Sur ce tombeau glorieux la sainte Église y prit une couronne. Elle la plaça sur le front du plus digne de ses chevaliers, d'un noble fils de notre Lorraine, de l'héroïque Godefroy de Bouillon [1]. Et comme il fallait assurer, défendre et compléter ce merveilleux état de choses, alors furent aussi fondés ces célèbres Ordres militaires, dont il nous semble inutile de rappeler les noms et l'histoire [2].

Il arriva même un instant où tous les esprits accueillirent avec bonheur l'espoir de voir enfin l'Église grecque se réconcilier avec sa mère, la sainte Église romaine. Est-ce que, à défaut de bien d'autres raisons, la reconnaissance ne lui en aurait pas fait un devoir?

Tel fut donc le splendide spectacle que vit se dérouler l'histoire du commencement de ce siècle. On avait bien le droit d'en attendre, par conséquent, de merveilleux résultats. Mais, hélas! pourquoi faut-il que les forces de l'enfer viennent toujours à l'encontre du bien? Sera-ce donc l'éternelle destinée des choses de ce monde!

L'empire grec, oubliant les bienfaits reçus, se rendit coupable de la plus noire trahison et d'une odieuse félonie. De son côté, l'Europe chrétienne ne sut pas garder ses précieuses conquêtes. De mesquines ambitions, la soif des richesses, le manque de discipline militaire, et les mœurs gâtées au contact de celles de l'Orient, paralysèrent entièrement les efforts de l'Église.

Trois fois, durant ce siècle, sous la poussée et la voix des papes, les princes reprirent la croix, et trois fois, par les mêmes fautes, on n'aboutit qu'à de lamentables désastres. Saint Bernard, qui avait

---

[1] Remarquons, avec un noble orgueil, que ce grandiose et admirable mouvement des croisades fut, après Dieu, l'œuvre de trois Français : Urbain II, natif de Châtillon-sur-Marne, fut la tête autorisée et souveraine qui imprima le mouvement et donna les ordres; Pierre l'Ermite, d'Amiens, la voix puissante qui électrisa les foules; Godefroy de Bouillon, le Lorrain, en fut le stratégiste, le chef militaire et le héros.

[2] Citons-en trois seulement : les chevaliers de Malte, les Templiers, les chevaliers Teutoniques.

préché la seconde croisade (en 1146), en mourut de chagrin. De même, Urbain III (en 1187), qui avait préché la troisième [1].

Et comme il y a une corrélation constante et inévitable entre les idées et les faits, du sein de ce malaise social surgirent, par le juste châtiment de Dieu, de prétendus réformateurs qui ne contribuèrent que trop à troubler encore plus les esprits et à perdre les âmes par leurs doctrines insensées et souverainement dissolvantes.

Les principaux furent : Arnaud de Brescia ; Pierre Valdo, riche habitant de Lyon et surtout les hérétiques connus sous le nom d'Albigeois.

Et cependant, quelle belle série n'y eut-il pas alors d'illustres papes qui naissaient, pour ainsi dire, sans interruption, des cendres glorieuses de saint Grégoire VII. Assurément ces pontifes luttèrent tous avec une vigueur et une vigilance qui ne se lassaient point. Mais le mal débordait toujours.

Oui, ce XIIe siècle, si beau à son aurore, était bien triste à son déclin. Quand le soir fut venu pour lui, quand il descendit vers l'horizon pour se coucher dans l'éternité, il laissa l'Église chargée

---

[1] L'insuccès définitif des croisades a été le scandale des impies, et l'objet des récriminations ironiques des rationalistes. Si c'était, pour nous, le lieu de faire une étude à leur sujet, il serait facile de prouver :

1o Leur *légitimité d'abord,* car le bien de la religion et la sécurité de l'Europe, menacée par les envahissements de l'islamisme, les réclamaient. L'Église les créa et Dieu les approuva par des miracles sans nombre et incontestables.

2o Leur *très grande utilité,* car elles furent fécondes en résultats précieux, et cela malgré leurs malheurs, dont nous venons d'indiquer quelques causes.

a. Elles ont sauvé la foi en Occident ;

b. Retardé de deux siècles la chute de l'empire grec, dernier rempart de la chrétienté en Orient, qui ne périt d'ailleurs que par sa faute, et, au lieu d'aider ce grand mouvement libérateur, il ne lui suscita que des entraves.

c. Mis fin à toutes ces guerres intestines des états du moyen âge, en procurant une légitime et salutaire diversion à l'humeur batailleuse des princes et de la chevalerie.

d. Les sciences, les lettres et les beaux-arts en tirèrent un véritable progrès, par l'admiration des monuments et des choses de l'Orient.

e. La médecine même, si imparfaite encore, s'enrichit des connaissances des Arabes.

f. Le commerce et les relations internationales en reçurent une extension jusque-là ignorée.

g. Enfin elles ont créé, dans chaque nation, une véritable unité, en groupant toutes les classes qui la composaient, sous la même idée, dans le même but, et par un même élan.

Aussi ont-elles eu, dans tous les siècles, les suffrages de tous les hommes sérieux, de tous les saints, et de tous les historiens dignes de ce nom.

d'un bien pesant fardeau, menacée d'un sombre avenir. Heureusement que le divin Maître lui a promis que *les portes de l'enfer ne prévaudront jamais contre elle* [1].

Saint Bernard prêchant la deuxième croisade.

Les désastres que nous avons signalés, les hérésies et les déchirements intimes qui se produisirent avaient fait perdre au monde chrétien non seulement tout le terrain si glorieusement conquis,

[1] Matth., xvi, 18.

mais affaibli sa foi, tué sa virilité, et, par suite, rendait l'islamisme plus insolent et plus menaçant que jamais.

Or, une des plaies les plus dévorantes de cette fin de siècle fut la secte impure des Manichéens, des Gnostiques. Chassés de l'Orient, ils avaient peu à peu et surnoisement envahi d'abord la haute Italie, puis s'étaient répandus dans le midi de la France, dans la Provence, et surtout dans le Languedoc, où ils concentrèrent leurs efforts. Ils se donnèrent le nom d'Albigeois, que l'histoire leur a conservé, parce que c'est dans les environs d'Albi qu'ils se démasquèrent et se montrèrent sous leur vrai jour. Ce fut en l'an 1170 [1].

Si dès le début ils s'étaient révélés sous les noms de gnostiques ou manichéens, ils eussent épouvanté les chrétiens d'alors. Aussi, avant de s'imposer par la violence, ces misérables infiltrèrent leurs doctrines lentement, sous le masque d'une perfide hypocrisie. Saint Bernard les a parfaitement fait connaître par ces mots : *Brebis par l'extérieur, renards par la ruse, et loups par la cruauté*. A les entendre ils étaient chrétiens plus que personne, et ne désiraient qu'une chose : rendre plus parfaite la pratique de l'Évangile. Ainsi gagnèrent-ils la confiance des gens du peuple, et, une fois gagnés, ils les initiaient peu à peu à leurs abominables mystères.

Pour montrer combien l'Église eut raison de les combattre, il faut bien dire en quelques mots ce qu'était leur immonde doctrine, et quel danger elle faisait courir aux âmes dans leur foi et dans leurs mœurs.

Leur principe fondamental était le dualisme de Manès : deux dieux, l'un bon, de qui émanent les choses spirituelles, l'autre mauvais, de qui ressortent les choses matérielles. Le corps et l'âme de l'homme appartenant, le premier au dieu ou Principe mauvais, le second au dieu ou Principe bon, n'auraient rien à voir ensemble. Alors même, par conséquent, que le corps se souillerait de n'importe quels crimes ou quelles turpitudes, l'âme, appartenant *nécessairement* au principe bon, reste toujours pure, immaculée.

D'après une pareille doctrine, crimes et vertus devenaient œuvre

---

[1] Par la grâce de Dieu, en cette même année, naissait dans une charmante vallée de la Vieille-Castille, au petit village de Calaregua ou Calaroga, celui qui devait si glorieusement les combattre par la prédication, la prière, plus particulièrement par le saint Rosaire, saint Dominique, de la noble famille des Guzman.

divine : les crimes comme appartenant au dieu mauvais, les vertus comme appartenant au dieu bon; ou, pour tout dire en un mot, il n'y avait plus ni crimes ni vertus; le mariage lui-même, fondement sacré de la famille et de la société, devenait une odieuse invention, parce qu'à leurs yeux il fixait une barrière aux concupiscences et aux instincts du corps; l'autorité, quelle qu'elle fût, un obstacle scélérat qu'il fallait détruire. Tout cela aboutissait finalement à ce que, aujourd'hui, nous nommons le nihilisme.

Comme on le voit, cette hérésie était moins une hérésie particulière qu'un ramassis, un renouveau de toutes les abominations doctrinales et morales des siècles passés, et même du paganisme. On peut les résumer par ces mots : Briser toute espèce d'autorité, surtout celle de l'Église évidemment, détruire l'idée chrétienne dans les âmes, et liberté, licence les plus éhontées de l'esprit et de la chair.

Ces théories immondes ont revêtu de nos jours une formule plus concise : Ni Dieu ni maître. Le midi de la France surtout en fut infecté.

La cause principale, c'était la protection des principaux seigneurs, particulièrement celle de Raymond, comte de Toulouse. Elles flattaient leurs passions et offraient un appât légitime à leur cupidité et à leurs ambitions en leur montrant les biens des couvents et des églises comme des proies faciles à prendre. Ainsi d'ailleurs ont toujours fait les fauteurs de mauvaise doctrine. Et sous la pression de ces seigneurs, des défections et des apostasies se produisirent en très grand nombre, même le clergé en fut atteint.

Précurseurs de la Réforme, de la Révolution et du socialisme contemporain; ancêtres de nos sociétés secrètes qui, d'ailleurs, n'en répudient ni les maximes ni la filiation, ces misérables troublaient profondément la société et ravageaient les âmes et les corps par le plus cruel fanatisme.

Un jour que le pieux évêque d'Orange, l'âme brisée de tous les maux dont on accablait sa province, était venu se jeter aux pieds du comte Raymond, le suppliant d'épargner au moins les églises et les vierges dans leurs monastères : « Je jure, lui répondit celui-ci, de n'en tenir aucun compte, et de ne faire merci ni aux personnes ni aux choses ecclésiastiques [1]. »

_____

[1] Aux *Lettres d'Innocent III,* livre X, lettre 69ᵉ.

L'excès de leurs violences et de leurs cruautés contraignit les papes à publier contre ces sectaires une croisade.

La lutte fut longue, terrible. Le comte de Toulouse et le roi d'Aragon, son parent, qui vint lui prêter main-forte, n'étaient certes pas des adversaires à mépriser [1].

Elle dura dix-huit ans, malgré l'héroïsme et le savoir-faire de Simon de Montfort, chef des croisés, qui y acquit une immortelle gloire. Grâce à lui, la France fut sauvée d'une corruption qui avait déjà envahi une partie de l'Italie et menaçait de s'étendre à l'Europe entière.

Une véritable angoisse étreignait donc la société tout entière. Le désordre était à son comble et le péril grandissait toujours. Une réforme sérieuse s'imposait. Qui la fera?

L'épée chrétienne, appelée par l'Église, remplit certainement sa mission de son mieux. Après tout, il faut bien nécessairement que la société se défende contre ceux qui voudraient la détruire; et quand tous les moyens de douceur sont devenus impuissants, méprisés, on doit forcément recourir à la force. Mais l'épée, si courageuse et si héroïque que soit la main qui la tient, ne résoudra jamais seule une grande question sociale. Les efforts de Montfort et de ses vaillants croisés n'auraient certainement pas définitivement abouti, et, refoulée

---

[1] Et pourtant ce malheureux comte Raymond VI se trouvait être l'arrière-neveu du célèbre Raymond, comte de Saint-Gilles, qui s'était si glorieusement distingué à la première croisade. Abdiquant ce bel héritage tout de gloire et de piété légué par ses ancêtres, il eut donc la honte de se poser comme le protecteur et le chef de la plus ignoble hérésie que l'Orient eût produite, mélange des impurs mystères de Manès et des folies révolutionnaires de Valdo, et il la défendit, les armes à la main, avec hypocrisie d'abord, puis bientôt avec une froide cruauté qui n'épargna pas même le Bienheureux Pierre de Castelnau, légat du saint-siège, qu'il fit assassiner par de vils sicaires, et son propre frère Baudoin qu'il fit pendre. Dieu lui donna la mort qu'il méritait. Ce fut le 12 juillet 1222. Accablé de chagrins et de remords, il était allé prier devant la porte d'une église de Toulouse, car l'excommunication qui le frappait ne lui permettait point d'y entrer; il tombe anéanti. L'abbé de Saint-Sernin, mandé aussitôt, accourt, et le trouve mourant; en le voyant il put encore lever les yeux au ciel, lui prendre la main, et expira.

A cause de son excommunication, personne, pas même son fils, n'osa lui donner la sépulture chrétienne. On laissa son cercueil ouvert; et trois siècles après on pouvait l'y voir encore couché, « sans qu'aucune main eût été assez hardie pour clouer une planche sur ce bois consacré par la mort et par le temps. » Il était âgé de soixante-six ans et avait succédé à son père à trente-huit ans. — Pour plus de détails, voir la *Biographie universelle* de Feller.

un instant, l'hydre infernale se serait montrée de nouveau plus tard, peut-être avec autant de rage[1].

Eh bien ! c'est dans ces moments si graves qu'il faut surtout regarder du côté du ciel. Aussi l'Église, qui sait mieux que personne qu'il est nécessaire que les prières et les supplications accompagnent les efforts humains, en provoqua partout une recrudescence admirable.

Elle appela Dieu à son secours, et Dieu intervint. Il le fit, comme toujours, par des moyens à Lui, par des moyens qui font éclater sa toute-puissance et son infinie bonté. Il jeta sur son Église affligée et suppliante un regard de divine tendresse, et de ce regard naquirent deux hommes : saint François et saint Dominique.

Et ces deux hommes se mirent entièrement entre les mains de Dieu, avec une humilité qui n'avait d'égale que la charité et le zèle qui consumaient leur âme.

Il fallait dompter la chair émancipée et corrompue par des doctrines infâmes ; aussi se vouèrent-ils à la pénitence et aux plus crucifiantes austérités.

[1] On a reproché à Simon de Montfort quelques actes d'une grande sévérité. Voltaire surtout, plein de tendresse pour les Albigeois et pour le comte de Toulouse, n'a pas assez de fiel à déverser sur cet héroïque chef des croisés. Cela se comprend, le contraire étonnerait. Mais ce reproche ne se produirait pas si on considérait que Montfort avait affaire à des monstres, dont il fallait à tout prix purger les provinces qu'ils désolaient. Les assassinats du légat du saint-siège et du comte Baudoin (que Raymond, son frère, fit pendre sans lui laisser même la faculté de recevoir les sacrements de l'Église, seule grâce qu'il demandât) montrent clairement de quoi étaient capables même les chefs de ces bandits.

D'ailleurs un cœur d'une piété aussi tendre que celle de Montfort ne pouvait pas être froidement cruel.

Nous avons vu quelle fut la mort de Raymond VI, voici la sienne : Au matin du 25 juin 1218, on vint l'avertir que les ennemis étaient en embuscade dans les fossés du château de Toulouse. Il se revêtit aussitôt de son armure et alla entendre la messe. A peine avait-elle commencé qu'on vint lui dire que l'action se produisait déjà.

« Laissez-moi, dit-il, voir plutôt le sacrement de notre Rédempteur. »

Un troisième message accourt et le presse, car, sans lui, ses soldats commençaient à plier.

« Je n'irai pas, répondit-il, que je n'aie vu mon Sauveur. »

L'élévation a lieu ; il se prosterne, adore humblement son Dieu, et sort en disant : *Nunc dimittis.* Sa présence ranime les courages ; il fond hardiment sur les ennemis, qui s'enfuient épouvantés.

Mais ce fut sa dernière victoire. Une pierre le frappe au front. Il se signe de la croix, recommande son âme à Dieu et à la bienheureuse Vierge qu'il aimait tendrement et tombe mort. Ainsi devait finir ce héros.

Il fallait combattre la soif effrénée des richesses et de toutes les aises d'une vie sensuelle, et ils s'habillèrent d'un misérable froc, se vouèrent à la pauvreté et au renoncement de toutes choses.

Saint François alla même plus loin sur ce point, car ses divines épousailles avec la pauvreté, il voulut les contracter solennellement devant son évêque, c'est-à-dire devant celui qui représentait à ses yeux Dieu et la sainte Église.

La pauvreté devint sa vertu préférée; il en fit la note caractéristique de la grande Famille spirituelle qu'il devait fonder.

Oui, voilà les deux hommes qui furent envoyés par Dieu pour sauver et régénérer le monde d'alors. L'un, saint Dominique, le fera par la prédication de la foi et par la prière, remise plus que jamais en honneur, surtout par le saint Rosaire, qui fit intervenir, comme toute-puissance d'intercession, la très sainte et immaculée mère de Dieu.

L'autre, saint François, réformera les vices de son temps et fera revivre les vertus chrétiennes par la pénitence et les célestes ardeurs de la charité.

En eux se personnifieront les deux forces éternelles de la religion : la foi et l'amour divin, la parole sainte et l'abnégation.

C'est avec juste raison qu'on doit leur appliquer ces belles paroles du prophète : « Dans le firmament, sur un signal du Très-Haut, les étoiles apparaissent en s'écriant : Nous voici; et elles ont plaisir de briller, pour obéir à Celui qui les a faites[1]. » Étoiles séraphiques du firmament de la sainte Église, ces deux grands saints obéirent, avec le plus grand zèle et la plus grande humilité, à la volonté divine, remplirent admirablement la mission à laquelle Dieu les destina, et versèrent sur le monde des rayons célestes de grâce et de sainteté qui l'illuminèrent et le transformèrent.

Voilà quel était l'état social au moment où apparut saint François. Voyons maintenant quelle fut sa vie, quelle fut son œuvre. Il nous restera ensuite à admirer et à décrire les monuments si beaux qui, à Assise, redisent sa gloire.

[1] Baruch, iii, 35.

Rencontre de saint Dominique et de saint François.

Note historique sur les Albigeois.

Les partisans de la secte des Albigeois, chassés du Languedoc, se réfugièrent dans les vallées des Alpes : en Piémont, en Savoie, en Dauphiné et même en Provence. Ils se joignirent d'abord aux Vaudois, et plus tard aux Calvinistes, dont, sur tant de points, les doctrines avaient une si grande similitude. Au commencement de ce siècle, leur nombre était encore, au dire des historiens, d'une vingtaine de mille, au point que le roi de Sardaigne se crut obligé, pour les contenter, de leur accorder, par une Ordonnance du 10 janvier 1824, de posséder des églises à eux, de bâtir un hôpital pour leurs pauvres, desservi par un médecin de leur croyance. Tout dernièrement encore, en 1897, a paru dans les journaux une lettre prétentieuse d'un aventurier qui signait « évêque de la Gnose », et datait d'Albi.

V

SAINT FRANÇOIS ET SON ŒUVRE

> Le Seigneur lui dit : « Quitte la terre de tes ancêtres, ta famille et la maison de ton père. Viens dans le lieu que je te montrerai. Je veux t'établir le fondateur de tout un peuple, te couvrir de mes bénédictions. Je glorifierai ton nom, et jusqu'à la fin des temps tous te béniront. »
>
> (Paroles de Dieu à Abraham. — Au livre de la Genèse, XII.)

Ces paroles nous semblent résumer à merveille la vocation providentielle et la vie du saint patriarche d'Assise.

Aussi les plaçons-nous en tête de ce chapitre, où nous allons jeter un coup d'œil rapide sur cette merveilleuse existence.

Dieu l'appela par des voies à Lui. Il se prêta avec une obéissance et une humilité admirables à l'action divine, qui lui fit produire des fruits vraiment étonnants de sainteté et de salut.

De même que Dieu a marqué à chaque nation son rôle sur la terre, de même sa Providence toute paternelle a marqué à chacun sa place dans la société.

La bien connaître, s'y tenir sans dévier et en remplir fidèlement toutes les obligations : voilà tout l'homme.

C'est l'oubli ou le mépris presque universels, à l'heure présente, de ce grand principe chrétien, qui sont en grande partie la cause du désordre et du malaise de notre société contemporaine. Ils jettent une infinité d'âmes hors de leur voie providentielle, dans laquelle elles auraient trouvé toutes les grâces nécessaires pour assurer leur propre salut d'abord et aussi celui des cœurs qui gravitent autour d'elles. Ils produisent ce qu'on constate avec tant de tristesse aujourd'hui surtout, le déclassement.

Oui, que d'âmes, dévoyées par ce mépris ou l'ignorance coupable

Saint François en prière. (D'après B. Castelli.)

de la volonté de Dieu sur elles, se perdent et deviennent inutiles à la société, quand elles n'en sont point un fléau !

Par les considérations et les détails qui vont suivre, nous verrons avec quel soin et quel amour saint François s'efforça de se tenir toujours dans la main de Dieu.

Cependant, qu'on ne l'oublie point, malgré leur humilité profonde, les saints ne sont point des instruments inconscients de la divine Providence, ce qui serait nier leur mérite ou le diminuer considérablement.

Non ; mais leur âme s'étudie constamment à faire ce que Dieu veut, à ne faire que ce qu'il veut et comme il le veut.

C'est l'abnégation complète de leur propre volonté.

« Mon Dieu ! mon tout ! » s'écriait à tout instant notre séraphique saint d'Assise.

Au reste, on aurait dit que Dieu l'avait créé à l'image de son divin Fils, tant il y a parfois de ressemblance avec ce type d'infinie perfection.

Comme Notre-Seigneur Jésus-Christ, il naquit dans une étable, sur un peu de paille, entre un bœuf et un âne, en 1182[1].

Sa pieuse mère, Pica, d'une riche famille, avait enfin obtenu ce fils, premier-né, après sept ans de mariage, par l'intercession de Notre Dame-des-Anges, nommée plus tard Notre-Dame de la Portioncule, au petit sanctuaire de laquelle elle allait fréquemment prier. Souvent, dans la suite, elle y conduisit cet enfant de prédilection.

Rien ne nous dit aussi que cette étable, choisie par cette femme de si haute piété pour le lieu de la naissance tant désirée, ne fût la réalisation d'un vœu fait à la très sainte Vierge, à moins encore que, selon le récit de certains historiens, elle n'en eût secrètement reçu l'ordre du ciel.

Son père se nommait Pierre Bernardone, bon chrétien, de bonne race aussi, mais dont l'esprit était tout absorbé par les préoccupations d'un commerce d'étoffe très important, très fructueux, qui s'étendait jusqu'en France.

Au baptême, l'enfant reçut le nom de Jean. Plus tard, on l'appela François[2], à cause de l'étonnante facilité qu'il montra de bonne heure à apprendre notre langue, qui, dans la pensée de son père, devait d'ailleurs lui être utile pour le commerce auquel il le destinait.

Quoique d'un caractère fort gai et un peu pétulant, engoué d'amusements et de jolis costumes, il resta toujours sage, religieux même, sous la direction de son excellente mère, pour laquelle il avait une grande tendresse.

Devenu jeune homme, ayant à son gré les facilités et les aises de la vie, ses goûts mondains se développèrent. Il fut beau cavalier,

---

[1] Il avait donc douze ans de moins que saint Dominique qui, lui, était né en 1170.

[2] On sait que jusqu'au commencement de ce siècle, au moins, notre nom national s'écrivait *François*. C'est donc notre nom de Français qui lui fut donné.

plein d'élégance, toujours affable, toujours gai. Son cœur naturellement bon lui avait donné l'heureuse habitude, d'ailleurs maternelle, de l'aumône. Il ne la refusait jamais à qui la lui demandait au nom de Dieu.

Un jour, l'ayant fait par inadvertance, il courut après le mendiant pour réparer ce qu'il nommait sa faute, et, honteux de son oubli, pour ne plus s'y exposer désormais, il s'obligea à l'aumône par un vœu formel.

Ce bon jeune homme laissait donc entrevoir déjà quel amour incomparable son âme généreuse concevait pour la pauvreté.

Son père, qui commençait à s'en apercevoir, en était fort ennuyé. Il lui en fit plusieurs fois de sévères remontrances. Son peu de goût pour le négoce le contristait aussi beaucoup. François écoutait tout avec grande déférence, mais continua toujours ses largesses envers les malheureux.

Deux événements, que la Providence fit surgir, désillusionnèrent entièrement son cœur au sujet du monde et lui firent trouver la voie à laquelle Dieu l'appelait.

Nous avons dit un mot déjà du premier, nous voulons parler de son emprisonnement à Pérouse pendant une de ces guerres, si fréquentes à cette époque, entre cette ville et sa patrie d'Assise. Sa captivité dura un an.

Or, c'est dans l'isolement de son cachot, durant ces tristes et longues heures, que son âme se prit à réfléchir. En effet, Dieu l'attendait là. Ce n'est guère dans le tourbillon du monde que sa voix se fait entendre. Il conduit d'ordinaire les âmes qu'il aime et sur lesquelles il a des vues providentielles dans la solitude, et c'est là qu'il leur parle au cœur[1].

Quand il fut rendu à la liberté, ses goûts mondains avaient disparu ; ses sentiments de bon chrétien devinrent une exquise piété ; c'est que l'amour divin était entré dans son cœur, et avec lui une tendresse plus grande pour les pauvres. Bientôt Dieu compléta son œuvre de la grâce par une maladie très grave qui le perfectionna encore. François, selon les désirs de son père, reprit ensuite le com-

---

[1] « Non in commotione Dominus. » (III Rois, XIX, 11.) — « Ducam eam in solitudinem, et loquar ad cor ejus. » (Osée, II, 14.)

merce; mais son âme était ailleurs et avait de plus nobles aspirations.

Un jour qu'il chevauchait, il trouve sur sa route un gentilhomme couvert de sordides haillons et qui, en rougissant, lui demanda l'aumône. Avec joie il lui donna ce qu'il avait, et même il échangea ses habits luxueux contre les loques de cette pauvreté.

Un autre jour, sollicité par un mendiant au visage rongé par un cancer, il l'assiste d'abord, et puis, saisi d'une indicible compassion, il baise même sa hideuse plaie.

Dieu récompensa à l'instant cet héroïsme par le miracle d'une guérison subite, raconte saint Bonaventure.

La nouvelle de ce prodige se répandit aussitôt à Assise; elle produisit chez les uns l'admiration pour ce saint jeune homme, la jalousie chez les autres. Lui en fut profondément humilié.

Le second événement eut lieu à Saint-Damien, peu de temps après.

François se trouvait en prière dans cette vieille église, l'âme toute embrasée du saint amour, quand tout à coup une lumière éclatante brilla à ses yeux étonnés; le crucifix aux pieds duquel il épanchait son cœur s'anima et lui adressa ces paroles : *François, c'est à toi qu'il appartient de restaurer mon Église.* Or son humilité ne lui laissa point soupçonner le vrai sens de ces mots ni la sublime mission que la Providence lui confiait de restaurer la sainte Église de Dieu, si affligée alors.

Prenant donc ces paroles au pied de la lettre, il songea sans retard à relever de ses ruines ce pauvre sanctuaire dans lequel il priait. Tout ce qu'il put avoir à sa disposition, il l'apporta dès lors aux prêtres qui en étaient les gardiens. Plusieurs fois même, il vendit de riches étoffes de son père, ce qui lui attira de sévères remontrances et de rudes corrections.

François accepta tout sans se plaindre, avec humilité et en esprit de pénitence. Mais l'ordre de Dieu, qu'il interprétait dans le sens que nous avons dit, lui parut devoir l'emporter sur les défenses paternelles. Et cet ordre restait son secret, ne se croyant pas le droit de le lui faire connaître.

Bernadone, poussé enfin à bout par l'incorrigible prodigalité de son fils envers les pauvres et l'église de Saint-Damien, lui signifia durement qu'il fallait ou se corriger ou renoncer à sa part d'héritage. D'ailleurs il était profondément irrité de voir que, malgré sa belle intelligence, il négligeait complètement le soin de son commerce et passait la plus grande partie de son temps en prières, en visites aux églises, à la pratique d'austères et rudes pénitences; honteux encore de le voir s'habiller, depuis de longs jours, d'habits pauvres, toutes choses qui le rendaient la risée du public et commençaient à le faire regarder comme un insensé.

Donc ce brave homme, humilié d'une pareille situation, irrité au dernier point, désespérant de faire jamais de son fils un auxiliaire sérieux pour son négoce, voulut en finir et conduisit François chez leur évêque d'Assise.

Ce fut l'âme débordante de joie que celui-ci l'y suivit. Depuis longtemps, en effet, il n'aspirait plus qu'à mener désormais une vie de pauvreté, d'oubli du monde et de pénitence. Lorsqu'ils furent devant l'évêque, à peine le père eut-il fait connaître le motif de leur visite, que François s'empressa de renoncer avec bonheur à tout ce qui pouvait lui revenir de son héritage, et là, c'est-à-dire devant celui qui représentait à leurs yeux Dieu et la sainte Église, il ajouta à ce renoncement de tout bien un vœu formel d'entière pauvreté. Aussitôt il voulut en pratiquer le premier acte, et, se dépouillant de ses habits du monde, il s'écria les yeux pleins de douces larmes : *Soyez à jamais béni, Seigneur, de ce qu'il m'est enfin donné de pouvoir dire désormais, en toute vérité et confiance : Notre Père, qui êtes aux cieux.*

L'évêque, profondément ému, l'embrassa tendrement et le bénit. Puis, s'étant fait apporter un habit grossier des pauvres, il l'en revêtit, le ceignit d'une corde et plaça sur ses épaules un vieux manteau de berger à capuce.

Au sortir du palais épiscopal, le nouveau pauvre de Jésus-Christ, le cœur tout heureux, ne voulut point rentrer dans la maison paternelle, mais il alla chercher, un peu loin dans la campagne, une solitude, où il se proposait de mener la vie anachorétique dans la contemplation des choses divines, la prière et la pénitence.

Les moqueries, les insultes, les railleries de toutes sortes ne lui manquèrent point.

Son père, l'âme navrée, humiliée, exaspérée, employa tous les moyens pour le reprendre, même les mauvais traitements. Mais François avait trouvé sa voie, et, toute crucifiante qu'elle fût, il l'aimait tendrement. Il ne la quittera plus. Il avait alors vingt-cinq ans.

Et voici que peu après, assistant à la sainte messe, il entendit que l'évangile du jour rappelait ces paroles que Notre-Seigneur Jésus-Christ adressait à ses apôtres quand il les envoya en mission dans le monde : *Ne portez avec vous ni or, ni argent, ni bourse, ni provisions, ni chaussures, ni bâton pour votre voyage. Allez et prêchez*[1].

Une inspiration du Ciel lui fit comprendre que ce dépouillement absolu et la mission de prêcher devait être le perfectionnement de la vie qu'il venait de commencer. Aussitôt il quitta sa chaussure et rejeta toutes les petites ressources qu'il pouvait avoir en main en ce moment pour sa subsistance quotidienne. Ce fut désormais pour lui la pauvreté dans son dénuement absolu, la pauvreté avec toutes ses suites de privations et de souffrances.

Bientôt son amour pour la sainte Vierge le détermina cependant à chercher une retraite tout près de la chapelle même de Notre-Dame-des-Anges, dans une pauvre cabane abandonnée, tout à côté de ce sanctuaire béni où sa pieuse mère l'avait obtenu par son intercession toute-puissante, dans ce lieu sacré où elle l'avait conduit si souvent aux jours de son enfance.

Or Dieu seul pourrait dire combien son âme fut fervente et mortifiée dans cette petite solitude; combien elle se dilata sous les effluves de la grâce.

Près de là, touchant à ce pieux sanctuaire, se trouvaient aussi les restes délabrés d'une antique abbaye de Bénédictins. Ces bons religieux la lui abandonnèrent en quittant le pays.

Il ne voulut point l'accepter en toute propriété, mais seulement comme chose confiée. Il la nomma *Portioncula*, petite part, ou *Portioncule*.

C'est cette portioncule qui est devenue l'humble berceau d'une des institutions les plus étonnantes et les plus utiles que Dieu ait envoyées au secours de son Église: l'ordre illustre des Frères Mineurs, destiné à ressusciter le véritable esprit des Apôtres par la pauvreté volontaire, l'abnégation la plus profonde et le zèle s'exerçant de préférence sur l'âme du peuple.

[1] Matth., x. 10.

François passait la grande partie de ses nuits en prières dans sa chère chapelle. Le jour, il se rendait à Assise pour prêcher la pénitence et la paix.

Dans les commencements surtout, il n'y recueillit qu'humiliations, injures et même des mauvais traitements. Mais, toujours souriant,

Saint François recevant les stigmates. (D'après Rizzi.)

impassible, ne se plaignant jamais, tout lui était un gain pour son âme avide de souffrances. Ce fut là le commencement de sa vie apostolique.

Les Bollandistes la fixent au 24 février 1209, donnant cette date comme naissance de l'Ordre séraphique.

Cette vie extraordinaire étonna d'abord ses compatriotes, puis finit par les édifier et, finalement, lui en amena quelques-uns. Les premiers disciples du saint lui vinrent en effet d'Assise même : d'abord un très riche propriétaire nommé Bernard de Quintavalle, puis un chanoine de la cathédrale, et un troisième, nommé Égide, que

François aima entre tous, et dont saint Bonaventure a écrit qu'il ressemblait plus à un ange qu'à un homme.

Mais il faut nous sevrer de détails; car si nous voulions rappeler seulement les principaux épisodes de cette merveilleuse existence, ce n'est pas quelques pages seulement, mais des livres qu'il faudrait. Glanons-en quelques-uns, voilà tout, et cela suffira.

François avait pour Notre-Seigneur et ses souffrances un tel amour, qu'il en fit l'objet de ses méditations quotidiennes. Aussi le divin Sauveur voulut, en retour, récompenser son grand serviteur vers la fin de sa vie, en imprimant sur son corps pénitent les stigmates sacrés de sa passion. On sait où et dans quelles mémorables circonstances.

Un autre jour, le saint était à genoux dans une église, et son âme brûlait d'ardeurs plus séraphiques encore que de coutume. Il mouillait de larmes brûlantes les pieds d'un grand crucifix placé devant lui, et les baisait amoureusement, quand tout à coup Notre-Seigneur se rendit visible à son ange terrestre; et, détachant de la croix un de ses bras, l'attira à lui et le pressa avec une ineffable tendresse sur son cœur divin.

Encore un trait qui nous dira son zèle dévorant :

Dans son voyage en Orient, où il était allé accompagner les croisés, suivi d'un de ses disciples, il se rendit au camp des Barbares musulmans, voulant y porter la foi, et aussi dans l'espoir d'y recueillir la palme du martyre. On le conduisit au sultan Mélédin, alors à Damiette.

« Qui t'envoie? lui dit ce chef des croyants.

— C'est, répondit-il hardiment, le Dieu Très-Haut qui m'envoie pour vous montrer le vrai chemin du ciel, à vous et à votre peuple. »

Cette intrépidité étonna Mélédin qui, comme saisi, l'invita à rester auprès de lui.

« Très volontiers, reprit le saint, je resterai, si vous voulez vous convertir avec vos sujets. Et pour que vous n'hésitiez pas à quitter la loi de Mahomet et à embrasser celle de Notre-Seigneur Jésus-Christ, faites allumer un grand feu, j'y entrerai avec vos prêtres, afin que vous voyiez quelle est la vraie religion de Dieu.

— Je doute fort, répondit le sultan en souriant, qu'aucun de nos imans veuille se soumettre à cette épreuve. D'ailleurs j'aurais trop à craindre que cela n'excitât quelque sédition. »

Charmé pourtant de ses discours, et fortement impressionné par sa personne, Mélédin voulut lui faire de riches présents. François les refusa, ce qui l'étonna beaucoup et augmenta encore la grande vénération qu'il ressentait pour le serviteur de Dieu.

Il le fit accompagner par ses hommes pour qu'il ne lui arrivât rien de fâcheux. Le saint perdait ainsi tout espoir de conquérir des âmes et la couronne du martyre. En le congédiant il lui dit ces paroles :

« Priez votre Dieu pour moi, mon père, afin qu'il me fasse mieux connaître la religion qui lui est la plus agréable et qu'il me donne le courage de l'embrasser [1]. »

Sur ces quelques détails qui précèdent, il est facile de comprendre combien une pareille vie était agréable à Dieu, et qu'il la récompensât par le don des miracles.

« On ne peut pas dire, dit Louis Veuillot, que saint François fit des miracles. Le miracle, c'était lui-même. Les prodiges sortaient de lui comme les rayons sortent du foyer. Il avait si bien vaincu le péché, si bien rétabli son âme dans la pureté de son origine, qu'aucune hostilité n'existait plus contre lui dans le monde. Il était en paix avec les êtres, avec les éléments, comme avec les hommes et avec lui-même. Il aima toutes choses; toutes choses l'aimèrent. Il fut, au milieu de la nature, ce qu'était le premier homme dans l'Éden de son innocence : un possesseur jouissant du plein amour des êtres et des choses sur lesquels il régnait en paix [2]. »

A l'appui de ces magnifiques paroles du grand publiciste, citons quelques traits charmants, glanés dans la vie de saint François (*Légende majeure*) par le plus illustre de ses fils, le docteur saint Bonaventure. Ils mettront plus en relief la caractéristique de cette incomparable personnalité.

Un jour, saint François se trouvait près de la petite ville de Bevagna. Voyant devant lui une multitude toute variée de petits oiseaux qui gazouillaient gaiement, il leur dit :

---

[1] Cela a fait dire à certains historiens que ce barbare se convertit à ses derniers moments et fut baptisé ; mais ce qui est certain c'est qu'il modifia grandement, depuis ses entrevues avec saint François, sa conduite envers les chrétiens.

[2] L. Veuillot, *Rome et Lorette.*

« Mes frères les petits oiseaux, écoutez bien la parole du bon Dieu. Ah! que vous avez raison de louer ainsi votre Créateur. Voyez ce qu'il a fait pour vous : Il vous a couverts de plumes, vous a donné des ailes pour voler, vous a placés dans les pures régions de l'air, et sa Providence toujours bonne vous nourrit sans que vous vous mettiez en peine de rien, comme Il l'a annoncé dans l'Évangile. »

Et les oiseaux, immobiles, l'écoutaient en silence, les yeux et le bec entr'ouverts, battant doucement des ailes; et ceux qui étaient sur les branches tendaient leur cou, baissaient la tête; tous témoignant du mieux possible leur joie, regardant fixement leur saint prédicateur.

Lui, tout en leur parlant, s'était approché d'eux; de sa robe il en frôlait quelques-uns, en caressait d'autres de sa main : aucun ne songeait non seulement à fuir, mais même à s'effrayer. Et quand il eut fini, il leur donna paternellement sa bénédiction, qu'ils reçurent en inclinant la tête, et les congédia.

Saint Bonaventure ajoute que cette scène, qui rappelle les premières communications de l'homme avec la nature avant son péché de l'Éden, remplit d'admiration les nombreux spectateurs qui en furent les heureux témoins.

En voici une seconde d'un autre genre, racontée par le même grand docteur.

Il y avait près de Gubio un gros loup qui était le fléau du pays, et dont on n'avait jamais pu se défaire. Sur la plainte des habitants François se rendit au bord de la forêt, et au nom du Seigneur commanda à l'animal de venir. La bête accourt. Le saint lui parle; puis, lui passant autour du cou sa pauvre corde, le conduit jusque sur la place publique de la ville, et appelle les habitants. Devant la foule étonnée, et même un peu effrayée, il reproche au carnassier ses ravages et ses déprédations, lui ordonnant de les cesser désormais.

« Frère loup, lui dit-il, les habitants de cette ville te nourriront, et toi, en échange, tu ne feras plus de mal à personne; je te l'ordonne au nom de Notre-Seigneur. »

Sur son ordre la bête se mit à genoux, François le bénit et le congédia.

Et voilà que pendant deux ans que vécut encore ce loup, il vint chaque jour manger tranquillement dans la ville ce qu'on lui donnait, et repartait sans jamais plus faire le moindre dégât.

Ce fait merveilleux est resté tellement de notoriété publique qu'on voit à Gubio, même encore, une très ancienne fresque qui le raconte dans sa naïveté séculaire.

Et que de fois aussi, suivi par des hirondelles, comme un jour à Alviano, ou par des cigales ou autres oiseaux, l'acclamant à leur façon, pendant que, monté sur un banc ou une estrade sur les places publiques, il parlait à la foule, que de fois il leur imposa silence, et eux de se taire avec une religieuse obéissance et de mêler leur attention à celle des nombreux auditeurs, comme s'ils eussent été doués d'intelligence.

Le souvenir de faits de ce genre est tellement passé dans la tradition des habitants d'Assise, qu'ils les racontent encore avec bonheur.

Cet homme était arrivé à un tel degré d'amour divin, de foi et de confiance en Dieu, qu'il réalisa à la lettre cette parole de Notre-Seigneur à ses Apôtres : *En vérité, en vérité, je vous le dis, les miracles que je fais, quiconque croit en moi les fera aussi; et il en fera de plus grands encore.*

Rien qu'au souvenir d'une vie si parfaite, on conçoit très bien quel ascendant saint François devait exercer sur tous ceux qui l'approchaient et quel enthousiasme il devait produire. Sa parole inspirée avait des accents qui pénétraient jusqu'au fond des âmes. Les pécheurs les plus endurcis n'y résistaient que très difficilement.

Les chroniqueurs racontent que, lorsqu'il entrait dans une ville, on sonnait les cloches. Peuple, clergé, tous accouraient avides de le voir et de l'entendre.

Pendant une de ses visites à Rome, le grand pape Innocent III voulut qu'il prêchât devant lui. François aurait bien désiré s'y soustraire; il fallut obéir. Son auditoire se composa du sacré-collège et de toute la cour pontificale. Les accents de son âme séraphique émurent si profondément la noble assistance, que pape, cardinaux, prélats, tous fondirent en larmes.

Et, ce qui paraît inexplicable au premier aspect, c'est que ces succès prodigieux, ces hommages incessants, ces enthousiasmes parfois délirants des foules, au lieu de le tenter d'orgueil et de vaine gloire, ne servaient qu'à faire grandir son humilité. Elle devint une vertu si préférée, qu'il voulut que sa famille religieuse en portât le nom : il l'appela les *Frères Mineurs.*

Mais qu'est-ce donc qu'un vrai saint pour qu'il puisse résister à de pareilles secousses? Qu'est-ce donc qu'un saint qui, plus il est grand, plus il se croit et se fait petit? Plus il commande à la nature, plus les miracles et les prodiges de toute sorte éclatent dans ses mains, plus il se croit poussière et néant? Et ce n'est certes pas une humilité de commande; mais vraie, sentie.

L'explication de ce problème, saint François nous l'a donnée par la réponse qu'il fit un jour à ceux qui le louaient. Écoutons-le avec respect et recueillement :

« L'homme, leur dit-il, n'est dans la réalité que ce qu'il est aux yeux de Dieu. Je rapporte à Dieu les honneurs qu'on me rend, parce qu'ils ne sont dus qu'à Lui. Je n'en prends rien pour moi. Je m'abîme de plus en plus dans ma bassesse et mon néant. Les statues de bois et de pierre ne retiennent rien des marques de respect ou d'honneur qu'on leur donne. Tout est envoyé à celui qu'elles représentent. Or, quand les hommes honorent Dieu dans ses créatures, et même en moi qui suis la dernière de toutes, je ne considère que Lui seul. Si Dieu avait accordé au plus grand pécheur autant de grâces qu'à moi, il aurait été moins ingrat que je ne le suis. S'il m'eût abandonné à moi-même, j'aurais commis plus de crimes que les autres. »

Oui, voilà bien le langage qu'ont tenu tous les vrais saints. Dieu a en horreur l'orgueil. Partout où il le voit, il le frappe; soit dans ses anges, soit dans l'homme. Il aime passionnément les humbles; plus il les voit humbles, plus il les fait grands; et plus il les fait grands, plus ils sont humbles. C'est toujours le *deposuit potentes*, et l'*exaltavit humiles,* proclamé par le plus parfait modèle humain de l'humilité, par la très sainte Vierge Marie.

Et notez que ce langage si vrai de saint François a été aussi celui, à divers degrés évidemment, mais enfin celui des hommes de grande intelligence et de grande vertu.

Pour comprendre ces nobles sentiments, si vrais d'ailleurs, il suffit, après tout, d'avoir conscience du néant de notre pauvre nature laissée à ses propres forces [1].

---

[1] En voici un exemple entre mille. L'historien du Père Lacordaire raconte qu'un jour, au sortir d'une de ses belles conférences de Notre-Dame, où ce puissant

Tel fut donc saint François d'Assise. Mais aussi quel homme puissant en œuvres! Comme Dieu a récompensé son admirable humilité! Comme il l'a exalté! *Exaltavit humiles*. Il a régénéré, transformé, illuminé le moyen âge. Et par quels moyens, grand Dieu!

Que nous sommes étranges, nous surtout, chrétiens des derniers

Saint François en extase. (D'après Murillo.)

âges, et que notre vue est donc courte, quand nous jugeons ces grands personnages de la sainteté au point de vue humain; quand

orateur avait excité l'enthousiasme au point de se faire applaudir, une grande dame courut à sa rencontre pour le féliciter.

« De grâce, madame, pas de compliments, lui répondit l'humble religieux, le diable m'en a faits avant vous! »

Et arrivé dans son couvent, pour combattre toute tentation d'orgueil, comme de coutume d'ailleurs après chaque conférence, il se donna une rude discipline et s'imposa les plus humiliantes mortifications. De cela, le mondain sourit peut-être, mais l'homme intelligent et chrétien comprend et admire.

nous ne savons pas les voir, vivant, agissant entre les mains de Dieu, qui guide leurs pas comme il conduit tous les événements de ce monde.

Oui, oui, c'est le grand mal de notre époque surtout, époque de naturalisme, de scepticisme, de ne point se rendre compte du ressort divin qui dirigeait les saints; et, par suite, de l'influence qu'ils ont exercée sur la société de leur temps.

Les Ordres religieux sont tous nés d'un grand besoin; et chaque fois que l'un d'entre eux a paru au firmament de l'Église, c'est que Notre-Seigneur voulait en faire un moyen nouveau de relèvement et de salut.

Non, les saints n'apparaissent pas fortuitement sur la scène de ce monde, et par suite aussi leurs institutions.

Quand Dieu voit son Église subir de nouveaux combats, exposée à de nouveaux périls, il fait surgir un de ces hommes admirables et il l'amène, souvent comme à son insu, à fonder une nouvelle famille religieuse qui continue, grandit et perpétue son action éminemment salutaire.

Ces réflexions se pressaient dans notre esprit pendant que nous étions prosterné sur le tombeau glorieux du saint d'Assise, dans la crypte de sa triple basilique. Notre pensée évoquant le souvenir de son époque si mouvementée et de sa naïve et étonnante histoire, nous nous disions en nous-même : Le voilà donc là, sous cette froide pierre, le corps sacré de cet homme qui a étonné le monde et restauré la société? Qu'était-il donc par lui-même? et quels moyens a-t-il employés pour cette œuvre merveilleuse?

Nous croyons, nous, que pour exercer quelque puissance, diriger les événements ou relever un peuple, il faut un sabre, ou de l'or, ou la science.

Mais encore une fois qu'était donc saint François? De la science, il n'en avait pas; nous n'avons même lu, nulle part, qu'il fût instruit, bien que doué d'une grande intelligence naturelle. L'or! il le méprisait; il en avait horreur. Son âme n'éprouva jamais qu'une profonde répulsion pour les honneurs et tout ce que le monde estime. Plus naïf qu'un enfant, à ce point qu'il pleurait en voyant conduire un agneau à la boucherie; se faisant plus petit, plus pauvre que le dernier des pauvres, recherchant avec soin un langage toujours simple;

il n'avait qu'une très basse opinion de lui-même et fuyait les louanges avec beaucoup plus d'ardeur que les orgueilleux ne les recherchent. Sa douceur était telle qu'il écartait de sa route même un ver de terre de peur de l'écraser.

Son humilité, dont nous parlions, alla si loin, qu'à l'exemple de l'illustre patriarche des moines d'Occident, saint Benoît, il ne voulut jamais consentir, malgré les instances qu'on lui fit, à accepter la prêtrise, et se contenta du diaconat, se disant indigne de monter au saint autel pour l'adorable sacrifice de la messe. Si mortifié, qu'il accabla de pénitences, de mortifications et d'austérités de toutes sortes, son corps virginal; et dans cette voie crucifiante, il alla si loin, qu'au moment de mourir il crut devoir lui en demander pardon.

Et cependant, voilà que cet homme de rien, selon les pensées du monde, une croix à la main, le feu de Dieu sur ses lèvres, et dans son cœur un amour débordant, a opéré un bien immense et régénéré son siècle.

Oh! que l'Esprit-Saint a bien raison quand il dit : *Quæ stulta sunt mundi elegit Deus, ut confundat sapientes.* En la personne de saint François Dieu choisit ce qui paraissait insensé [1] pour confondre les prétendus sages du siècle. Il prit cet homme obscur, extérieurement méprisable, cet homme qui ne comptait pas, pour détruire ce qui régnait en son temps, l'orgueil par son humilité, la cupidité par sa complète pauvreté, et la luxure par ses insatiables austérités [2].

Et cet homme n'est pas mort quand il est descendu dans la tombe, car son œuvre dure toujours. Où sont donc les dynasties qui régnaient en ce temps-là? Ah! il y a des siècles qu'elles ont disparu. La sienne continue aussi vivante, plus vivante encore qu'à sa mort.

Ses enfants spirituels, multipliés merveilleusement même pendant sa vie, sont partout, sous tous les cieux, dans tous les climats, répandant avec le plus grand zèle les œuvres de salut de leur incomparable fondateur.

Ah! que notre siècle est donc coupable quand il pourchasse les saints et ferme les couvents. Mais les aveugles, savent-ils bien ce

---

[1] Nous ne croyons pas exagérer, en affirmant que de nos jours on l'aurait mis aux petites Maisons, ou jeté en prison comme troublant le repos public.

[2] I Cor., I, 27 et 28. *Et ignobilia mundi, et contemptibilia et ea quæ non sunt, ut ea quæ sunt destrueret.*

qu'ils font? Il nous semble cependant que les leçons si cruelles de la fin du siècle dernier auraient dû éclairer tous les esprits, même simplement libéraux. Pour chaque couvent qu'ils supprimeront, il leur faudra construire à la place une prison de plus et une maison de fous. C'est la leçon constante de l'Histoire; ce seront toujours aussi les représailles de Dieu.

Maintenant que nous avons étudié le temps, et sommairement la vie de saint François, parcourons et étudions les divers sanctuaires d'Assise qui nous disent sa gloire.

VI

Il y a dans la ville d'Assise plusieurs monuments remarquables. Mais le premier de tous, au point de vue artistique, est la célèbre basilique de saint François, « un vrai nid de merveilles, » selon la pittoresque expression d'un charmant écrivain, notre compatriote.

Elle se compose de trois églises, superposées l'une sur l'autre, et si bien coordonnées autour du précieux tombeau du saint, qu'elles lui forment comme une superbe châsse architecturale.

La première est une crypte souterraine, construite en 1822, après l'invention des reliques de saint François, retrouvées tout providentiellement dans une anfractuosité du rocher.

La seconde, c'est l'église du milieu, qui se trouve au rez-de-chaussée et de plain-pied avec le sol de la place extérieure. Dans celle-ci les religieux ont leur chœur et font les offices.

La troisième est l'église supérieure, splendide, vrai musée de peintures religieuses de la plus grande beauté.

« Ce triple monument n'a point d'égal. Avant de l'avoir vu on n'a point l'idée de l'art et du génie du moyen âge. Joignez-y Dante et les *Fioretti* de saint François, c'est le chef-d'œuvre du christianisme mystique [1]. »

C'est aussi là le triomphe de Giotto, le peintre inspiré, l'artiste pieux qui nous a raconté en vingt-huit fresques ravissantes l'histoire du

---

[1] Taine, *Voyage en Italie.*

saint patriarche. Giotto! ce petit pâtre que Cimabué rencontra en guenilles un jour, aux environs de Florence, traçant sur le sable le portrait de ses chèvres, et que le célèbre peintre florentin se fit un bonheur d'initier aux secrets du grand art[1].

Un religieux fort intelligent et très aimable, natif de la Suisse, que nous eûmes la bonne fortune de rencontrer sur le seuil de son couvent, voulut bien nous servir de guide dans notre visite à la basilique.

Son français pittoresque donnait à son érudition considérable un charme de plus.

Nous fûmes très heureux de pouvoir, au retour, lui offrir en témoignage de reconnaissance un léger secours, car le gouvernement spoliateur n'a laissé à ces bons Pères Conventuels qu'une petite parcelle de leur « Sacré Couvent ».

Ce monastère est immense. Il entoure la basilique comme d'une ceinture. On le dirait bâti pour des soldats : il a l'air d'une forteresse.

Dans ces temps de guerres et d'invasions, qui fut un des caractères de la société du moyen âge, il était nécessaire que les moines fussent, dans leurs maisons, à l'abri d'un coup de main.

Le réfectoire de ce monastère a soixante mètres de long. Ce simple détail donne une idée de ses dimensions grandioses.

Quand la révolution couronnée s'en empara, elle suivit là ses goûts et ses usages antichrétiens. Elle s'empressa de transformer ces pieux bâtiments en établissements scolaires. C'est, il faut en convenir, une étrange façon de moraliser la jeunesse, que de lui apprendre tout d'abord que la propriété n'a plus rien de sacré, qu'on a le droit de la voler. Aujourd'hui donc, à la place de la cloche pieuse qui appelait les religieux à la prière et aux saints exercices de leur vie pénitente, on n'entend plus que le son aigre d'un ridicule tambour qui convoque les bambins d'Assise et les folâtreries bruyantes de ces pauvres enfants, façonnés à l'éducation laïque de l'État spoliateur. Les religieux auxquels on veut bien encore, par dernière pudeur, donner asile, sont relégués dans leur ancienne infirmerie. Ils sont réduits à la misère.

---

[1] Giotto naquit à Vespignano, en Toscane, en 1226, de pauvres fermiers ; son père se nommait Bondone. Cimabué l'enleva à la garde de ses chèvres et en fit le plus grand peintre de son temps. Benoît XI l'appela à Rome en 1298. Il suivit la papauté à Avignon, et mourut à Florence, le 8 janvier 1336. Pétrarque et le Dante, ses amis et admirateurs, ont immortalisé son nom encore davantage par leurs vers.

On s'en aperçoit vite à leur robe râpée, usée jusqu'à la corde, et tellement déchirée en maints endroits, qu'elle laisse entrevoir leur chair à nu ; elle ne peut pas même supporter le fil qui la coudrait.

Cimabué rencontra Giotto traçant le portrait de ses chèvres.

Le bon Père qui nous pilotait le sourire aux lèvres, tout en constatant la pénible situation qui leur est faite, ne paraissait pas trop s'en plaindre. Ah ! ces pauvres fils de saint François, quelle abnégation ! quel abandon complet à la volonté divine, même au milieu de bien rudes privations et de criantes injustices.

Pour visiter plus amplement l'intérieur du couvent, il aurait fallu demander une autorisation à la municipalité. Nous ne jugeâmes pas à propos de nous soumettre à cette exigence ridicule, et nous passâmes.

La façade de la basilique n'a rien de remarquable, à part la porte d'entrée de l'église du milieu, qui fut dessinée par Giotto.

C'est une chose très fréquente en Italie, que de voir même les églises les plus belles n'ayant que des façades fort communes. Leur beauté est toute à l'intérieur.

Une des rares exceptions à cette coutume générale est la basilique Saint-Charles, à Milan, avec sa forêt magnifique de clochetons, tous en marbre superbement sculpté et avec son peuple innombrable de statues, aussi en marbre blanc et de grandeur naturelle, tant à l'extérieur qu'à l'intérieur.

En France, et surtout en Espagne, on a soigné aussi bien la façade que l'intérieur.

Cette négligence du dehors de l'église, dans la péninsule italienne, — qu'elle ait été volontaire ou non, — étonne. Le Français surtout a peine à s'y habituer.

Je me souviens de la déception que j'éprouvai, et que j'ai constatée aussi chez nos compagnons de voyage, la première fois que nous aperçûmes la basilique Saint-Pierre de Rome, de la rue du Borgho Nuovo, ou mieux de l'entrée de l'immense place qui la précède : « Ah! mon Dieu! disions-nous, c'est là la plus grande église du monde, c'est Saint-Pierre? » Mais, à mesure que nous avancions, le monument semblait monter, s'élargir; tout prenait ces proportions énormes qui défient toute comparaison. Et, arrivé au seuil de l'immense édifice, on se sentait comme écrasé par le gigantesque qui constitue sa spéciale beauté. Debout ensuite sur la grande porte, plongeant le regard dans la profondeur du temple sacré, on éprouve comme une pieuse épouvante, tant l'admiration vous saisit.

Mais pour beaucoup d'autres églises, très remarquables même, comme Saint-Ambroise à Milan, Saint-Vital et Saint-Apollinaire à Ravenne, Saint-Janvier à Naples, Saint-Dominique à Bologne, il n'y a, le plus souvent, rien à l'extérieur qui vous prépare à l'admiration que vous réserve l'intérieur, et vous entrez sans avoir eu à vous arrêter un instant pour regarder la façade, fort commune et fort négligée.

On dit que, pour un grand nombre, la raison en est que le christianisme n'a fait que transformer en temples du vrai Dieu des temples païens existant déjà depuis longtemps, et leur a laissé extérieurement ce cachet triste et froid qui était le caractère du paganisme. Il aurait donc concentré tous ses soins et son amour à parer le dedans pour le rendre moins indigne que possible de Notre-Seigneur Jésus-Christ, qui y réside personnellement et substantiellement.

Cette raison vaut ce qu'elle vaut, mais le reste est un fait facile à constater. Il n'y aurait pas d'ailleurs à la produire pour la basilique de Saint-François-d'Assise, puisqu'elle ne fut construite qu'après la mort du saint.

Ne cherchons donc pas sa beauté dans la façade : ses merveilles sont au dedans.

En revanche, elle en est pleine. Nous allons le voir en étudiant chacune des trois églises qui la composent.

§ 1. — L'ÉGLISE SOUTERRAINE

Avec le précieux concours de notre aimable cicerone et une torche à la main, comme aux Catacombes de Rome, descendons dans l'église souterraine qui possède le tombeau du saint.

Sur le seuil, d'abord, on s'incline avec respect devant deux grandes et belles statues, l'une de Pie VII et l'autre du très aimable et inoubliable Pie IX. On dirait qu'elles sont là pour en garder l'entrée, comme deux anges détachés du ciel pour veiller sur les précieuses reliques que nous allons vénérer. *Super muros tuos constitui custodes*[1].

Puis à peine a-t-on fait quelques pas, que le religieux et éternel silence de ce lieu béni, les ténèbres qui vous environnent un peu seulement diminuées par la petite lumière blafarde des torches, tout fait éprouver un saisissement involontaire qui rappelle la terreur religieuse que nous avions ressentie dans notre visite aux catacombes romaines.

C'est la crypte, c'est le froid de la tombe, c'est le mystère dans une pâle lueur, qu'on s'imaginerait presque semblable à celle des limbes.

On se retient aux murs qui suintent ; on tâtonne en marchant avec

---

[1] Isaïe, LXII, 6.

précaution. De la main, on touche des chapelles ou des sépulcresqui sont là.

Des lampes de cuivre, avec une demi-lumière qu'on croirait calculée à dessein, y brûlent incessamment. Leur fumée rampe sous la voûte noircie. On dirait la perpétuelle veillée d'un mort.

C'est qu'en effet nous allons à un tombeau. Il est là, au fond de cette basilique sépulcrale. Nous y sommes.

Chacun tombe à genoux, plein de respect et d'émotion.

Parmi les tombes célèbres devant lesquelles s'inclinent les têtes humaines, il y en a peu, très peu, qui méritent autant que celle-ci les hommages des enfants de l'Église catholique, et même des hommes seulement intelligents, quels qu'ils soient.

Comme il est facile, dans ce lieu saisissant, devant ces glorieuses reliques, de se livrer à d'utiles méditations !

La prière et les réflexions vous envahissent, et le temps s'écoule sans qu'on y prenne garde.

Il y a une chose dont je ne saurais trop louer les fils spirituels de ce grand saint, c'est d'avoir respecté jusque dans la mort son ardent amour pour l'humilité, la simplicité et la pauvreté. Ici point d'ornements tapageurs, brillants, à effet. C'est grave, sérieux, simple. C'est beau.

Nous avons vu dans divers pèlerinages, en France, en Italie ou en Espagne, ceux d'autres fondateurs d'ordres. On y prie avec plaisir devant leurs précieuses reliques. Leurs enfants spirituels se sont donné le légitime bonheur de les orner de leur mieux, témoignage assurément bien permis de leur amour filial.

A tout prendre, nous préférons celui-ci. Il a, dans sa beauté majestueuse et simple, une analogie parfaite avec la vertu dominante et si aimée du saint dont il garde les restes sacrés. Ce tombeau nous rappela celui du si aimable et saint pontife Pie IX, à Saint-Laurent-hors-les-Murs, à Rome, sur lequel on a gravé, par son ordre, ces mots d'une simplicité si éloquente :

OSSA ET CINERES P. PII IX

« Ici sont les ossements et les cendres du souverain pontife Pie IX. »

Passons maintenant à l'église du milieu.

Cathédrale d'Assise.

§ 2. — L'ÉGLISE DU MILIEU

Elle est du XIIIe siècle. Grégoire IX, qui régna de 1227 à 1241, en posa la première pierre en 1227 même, c'est-à-dire dès la première année de son pontificat. Il avait connu et aimé intimement saint François, et l'inscrivit aussitôt pape dans le catalogue des saints. Innocent IV (1243-1257) en fit la solennelle consécration.

Cette église a un caractère souverainement sombre et sévère. Par sa construction à voûtes basses, à pleins-cintres, à piliers lourds et massifs, elle rappelle les cryptes des premiers siècles de l'ère chrétienne que nous avons vues çà et là dans la péninsule.

Le demi-jour, qui l'éclaire à peine, ne contribue pas peu à la rendre austère et comme mystérieuse aussi.

Voici la description que Taine en a faite ; elle est fort exacte :

« Un revêtement d'azur sombre et de bandes rougeâtres étoilées d'or, une merveilleuse broderie d'ornements, de torsades, d'enroulements délicats, de feuillages et de figurines couvrent les arcs et les plafonds de leur multitude harmonieuse. Le regard s'en remplit ; un peuple de formes et de teintes vit sur ces voûtes... Ni l'antiquité ni la Renaissance n'ont compris cette puissance de l'innombrable. Ici, les stalles du chœur, chargées et couturées de sculptures ; là-bas, un riche escalier tournant, des grilles ouvragées, une fine chaire de marbre, des monuments funéraires dont le marbre fouillé et travaillé semble le plus élégant coffret d'orfèvrerie ; çà et là, au hasard, une gerbe élancée de sveltes colonnettes, un amas de joyaux, de pierres, dont l'ordonnance semble une fantaisie ; et, dans ce labyrinthe de feuillages colorés, une profusion de peintures ascétiques avec leur auréole de vieil or terni, tout cela vaguement entrevu par les reflets noirs des boiseries, dans un jour de pourpre éteinte, tandis qu'à l'entrée le soleil baissant tombe par cent mille flèches d'or, comme un paon qui s'étale [1]. »

Taine aurait dû ajouter que ces peintures ascétiques sont admirables, œuvres du pinceau si chrétien de Giotto.

[1] Taine, *Voyage en Italie*.

Les madones surtout de ce grand artiste, à figures si fines, si agréables, si gracieuses et souverainement modestes, n'ont pas peu contribué à faire connaître son génie et son École.

A notre avis, elles sont bien préférables à celles de Raphaël, devant lesquelles, quoi qu'en disent certains, il est difficile de prier.

Ce sont de jolies femmes, belles de formes, mais non pas des vierges chrétiennes. Leur beauté, incontestable certainement, n'est qu'une beauté plastique.

« Je n'y vois nullement le divin idéal, dit J. de Maistre, ou, pour mieux dire, l'idéal divin, car ce qui n'est pas idéal ne saurait être divin. »

> Ses madones n'ont pas, empreint sur leur visage,
> Un cachet de candeur et de sérénité.
> Leur bouche rit souvent d'un sourire profane ;
> Et parfois sous la vierge, on sent la courtisane [1].

« Ce n'est pas assez d'avoir du génie quand il s'agit de peindre la Vierge. La Vierge de Raphaël est belle, mais elle n'est que belle [2]. »

Oui, ce n'est qu'une beauté tout humaine ; on n'y sent rien de la Mère de Dieu.

Au reste, il faut bien que Raphaël lui-même ait eu en haute estime les vierges de Giotto, puisqu'il vint les étudier ici, sur place et longuement, en même temps qu'il s'inspira des fresques de la voûte, qui représentent les prophètes et les sibylles (œuvres d'Adone-Doni), et les reproduisit à Santa Maria della Pace, à Rome.

Très belles aussi les fresques, encore de Giotto, qui représentent le mariage mystique de saint François avec la pauvreté, la chasteté et l'obéissance.

A côté de la chasteté, l'artiste a mis un très beau personnage en habit de tertiaire : c'est son illustre ami le Dante.

Mais le travail qu'on regarde comme son chef-d'œuvre est l'apothéose du saint, ou saint François dans la gloire éternelle.

Voici comment un critique, d'un talent incontesté, caractérise le genre de peinture de cet éminent artiste :

[1] Théophile Gautier.
[2] Louis Veuillot, *Parfums de Rome.*

« Giotto inaugura vraiment pour la peinture, en Italie, une ère nouvelle, et ce fut à saint François d'Assise qu'il dut cette gloire.

« La légende franciscaine, qu'il eut à peindre sur son tombeau, émancipa l'art de ses compositions hiératiques. Il fallait, pour représenter les sujets contemporains, en étudier la vérité historique, la fidélité des costumes et la variété des expressions. Giotto le fit avec un incomparable talent. La peinture reçut, de son exemple, une impulsion prodigieuse. Il parcourait en conquérant toute l'Italie, laissant partout des chefs-d'œuvre et des élèves, établissant ces centres de progrès où des générations d'artistes se succèdent pour peindre des grands poèmes en l'honneur de Notre-Seigneur et des saints : Assise, Florence, Padoue, Naples, le Campo Santo, dont les merveilles nous montrent encore l'art chrétien dans son unité et sa variété[1]. »

Voici une autre appréciation qui fera ressortir encore mieux le génie de ce grand peintre[2] :

« C'est à Giotto qu'il faut laisser l'honneur d'avoir réellement fondé l'école italienne moderne; bien plus, d'avoir été dans les arts le vrai promoteur de la Renaissance. Peintre, sculpteur, architecte, ingénieur, mosaïste et miniaturiste, embrassant enfin tous les arts connus de son temps, Giotto fut le commun et général modèle de toute l'Italie, qu'il parcourut successivement, d'Avignon, où il suivit le pape Clément V, jusqu'à Naples, où il travailla longtemps pour le roi Robert d'Anjou, dit le Sage; à Lucques, il fit le plan de la forteresse inexpugnable de la Giusta; à Florence, il éleva le campanile; à Rome, il composa la célèbre mosaïque appelée *Navicella di san Pietro*.

« Mais la peinture surtout lui doit les plus signalés services. Appelé de Padoue à Rome par le pape Boniface VIII, Giotto, qu'inspirait une sorte d'inspiration divine *per dono di Dio,* comme dit Vasari, Giotto s'affranchit pleinement de l'imitation des Grecs et ne se soumit plus qu'à celle de la nature. Sans être moins digne, l'ordonnance de ses compositions fut plus variée, plus animée, plus appropriée au sujet. Son dessin devint simple et naturel, sans forme de convention, sans types fixés d'avance et toujours reproduits inexorablement; son coloris aussi fut en progrès, offrit des teintes à la fois plus vraies,

---

[1] Cartier, *Étude sur l'art chrétien,* chap. VIII.
[2] *Les Merveilles de la peinture,* par L. Viardot.

plus variées, plus profondes. Il ressuscita l'art oublié de peindre les portraits. Il osa, le premier, faire emploi des raccourcis et de la perspective ; il porta les draperies à une perfection qui ne fut plus dépassée. Enfin, « renouvelant l'art, dit encore Vasari, parce qu'il « mit plus de *bonté* dans les visages, » il trouva l'*expression*, ce grand sujet d'étonnement pour ses contemporains, qui purent dire de lui, comme Pline du Grec Aristide : *Il peignait l'âme et exprimait les sentiments humains.*

« Cette peinture, que les hommes de son âge appelaient *miraculeuse*, c'était enfin la véritable peinture, l'art échappé de la rigidité du dogme. Giotto améliora jusqu'aux procédés matériels, tels que la préparation des couleurs ou celle des panneaux de bois et des toiles que l'on collait dessus pour réunir plusieurs planches, quand le sujet était vaste et le tableau de grande dimension.

« A la vue des principaux ouvrages de Giotto, dispersés dans l'Italie entière, par exemple, *la Vie et la mort de saint François d'Assise, la Vie de Marie* et *la Vie de Jésus*, dans la chapelle de l'Arena, à Padoue, on connaît quelle distance considérable le sépare de ses devanciers immédiats ; on trouve en lui l'extrême limite de l'art italien sortant de l'art grec ; on comprend et l'on répète les éloges magnifiques dont il fut comblé par Dante, par Pétrarque, par Pie II, par Politien enfin, qui lui fait dire : « *Ille ego sum per quem* « *pictura extincta revixit.* Je suis celui qui a fait revivre la peinture « morte. »

Oui, c'est incontestable, Giotto fut un grand artiste. Il l'a montré à Assise avec évidence, dans cette église du milieu de la triple basilique ; nous allons le voir encore dans l'église supérieure qui nous réserve bien d'autres agréables surprises. Un charmant écrivain l'appelle avec raison : *le troisième ciel de l'art.*

Gardons-nous cependant d'y monter avant d'avoir vénéré, dans la magnifique sacristie, le voile de la très sainte Vierge, qu'on y conserve avec le plus grand respect.

§ 3. — L'ÉGLISE SUPÉRIEURE

Cette troisième église s'élance aussi brillante, aussi aérienne, aussi triomphante que celle que nous venons de visiter est basse et grave.

Fresque de Giotto dans la cathédrale d'Assise.

On dirait véritablement que ceux qui ont construit ces trois sanctuaires ont voulu comme représenter les trois mondes : tout en bas, c'est l'ombre de la mort, l'horreur du sépulcre; au milieu, l'anxiété du chrétien qui prie, lutte, attend dans notre pauvre terre d'épreuves, de tristesses et de combats; en haut, c'est la pleine lumière, la gloire éblouissante, la joie éternelle du paradis.

Aujourd'hui on n'a plus à prier dans cette église supérieure. La sainte eucharistie en est absente; ils l'ont enlevée.

Ce sanctuaire, autrefois si aimé, le gouvernement subalpin l'a désaffecté. Il faut espérer du moins que ce ne sera que momentanément. Il a cru devoir restaurer certaines fresques un peu endommagées, il est vrai. Mais à voir la lenteur avec laquelle il procède, on aurait la pensée de croire que son désir de le rendre au culte n'est pas bien grand. Ce n'est donc plus qu'un musée, heureusement un musée chrétien. Il est bien certain que les pauvres Frères mineurs conventuels qui gardent le sanctuaire n'auraient pas pu faire les dépenses nécessitées par la restauration de ces chefs-d'œuvre. Dieu se sera donc encore là servi de ses ennemis pour mettre en relief la gloire de ses saints.

Cette église est du style ogival. Tout exhaussée dans l'air et la lumière, elle effile ses gentilles colonnettes, aiguise ses belles ogives, monte, monte encore, richement éclairée par ses hautes fenêtres, par le rayonnement de ses rosaces et par ses superbes vitraux qui tamisent si agréablement la lumière; on n'en voit pas de plus beaux en Italie, qui, d'ailleurs, en a si peu de beaux.

La chaire est très remarquable. Saint Bernardin de Sienne l'a occupée bien des fois, tenant suspendues à ses lèvres éloquentes des foules toujours avides d'entendre les pieux accents de son âme inspirée.

Cette voûte est si élancée qu'on la croirait un dais aérien qui prend à peine son appui sur la terre. Elle est toute scintillante d'or et de clarté. C'est beau, très beau.

Trois peintres célèbres se sont disputé l'honneur de couvrir, de leurs œuvres remarquables, les parois de l'édifice : Giotto, Cimabué et Giunta Pisano. Pisano a peint l'abside et le bras droit. Il y a représenté les principaux actes de la vie de la très sainte Vierge et des apôtres. Cimabué a décoré le bras gauche et une partie de la nef.

Ses compositions sont tirées de la Genèse, de l'Évangile et de l'Apocalypse. Elles sont d'un très bel effet.

Mais dans ce concours artistique la palme revient certainement à Giotto. Il a peint la nef, à partir de la galerie jusqu'au fond. En vingt-huit tableaux il a représenté les traits les plus saillants de la vie de saint François, avec un coloris saisissant de vérité, une naïveté, un charme inexprimables. Chaque fresque est une page magnifique de cette merveilleuse existence. Ces peintures sont d'un fini, d'une perfection extrêmes. Il y mit sans doute toute son âme.

Si Raphaël, qui comme nous l'avons dit vint la visiter, et Michel-Ange l'ont surpassé par la science du dessin, lui ne leur est pas inférieur par le sentiment qui s'en dégage, surtout par le sentiment chrétien. Il marche avec eux, et la piété dans ses figures le fait marcher avant eux. Il a su faire passer sur la figure de ses saints au moins un peu de l'éminente beauté de leur cœur. Il nous montre saint François, jeune encore, recevant publiquement sur la place d'Assise les hommages d'un fou; saint François donnant ses habits à un pauvre; saint François voyant dans un songe un château richement décoré; saint François écoutant et recevant la parole du crucifix à Saint-Damien; saint François renonçant aux biens de ce monde et se dépouillant, devant son évêque, de ses riches habits pour épouser la sainte pauvreté.

Tels sont les principaux sujets de ces splendides compositions. Grâce à son incomparable talent, Giotto a grandement contribué à établir ce XIIIᵉ siècle comme l'apogée et la fleur du christianisme au point de vue de l'art. Il a su donner, par des images sensibles, l'intuition du surnaturel. Ce sera son éternelle gloire.

Nous sommes sortis de la basilique émerveillés, et convaincus aussi que, de toutes les Écoles de peinture l'École ombrienne est la plus remarquable à cause de sa fidélité au sentiment religieux, tant il est vrai, selon la réflexion du savant critique que nous citions tout à l'heure, que « l'art vit véritablement de la vie de l'Église, qu'il en reçoit les inspirations, qu'il en partage la fortune et les triomphes[1] ».

Pour mieux s'en convaincre, on n'a qu'à comparer encore nos vrais chefs-d'œuvre chrétiens avec les chefs-d'œuvre du paganisme.

[1] Cartier, *L'Art chrétien.*

VII

LA BASILIQUE DE LA PORTIONCULE OU SAINTE-MARIE-DES-ANGES

On ne saurait comprendre un pèlerinage à Assise sans une visite
à la basilique de Sainte-Marie-des-Anges, c'est-à-dire à la Portioncule.
Cette église repose dans le vallon, au pied de la ville, à cinq cents
mètres environ de la gare; elle conserve dans son histoire de trop
beaux souvenirs pour qu'on ne lui consacre pas quelques heures. C'est
le berceau de la famille séraphique. Elle renferme, comme en un
beau reliquaire, deux petits sanctuaires, qu'un simple chrétien ne
peut guère passer sous silence; à plus forte raison un cœur ami du
grand patriarche.

C'est là, en effet, que jeune encore, brillant et aimable cavalier
auquel souriait un avenir heureux, il vint se dépouiller de l'amour du
siècle; là qu'il est devenu saint François; là qu'il a habité, là qu'il
est mort.

L'origine de ce beau monument chrétien est des plus anciennes.
Son histoire, commencée dans le mystère, est toute composée de
merveilles; à ce point qu'on pourrait croire justement que Dieu lui-
même se chargea d'y préparer le berceau de l'ordre qui devait l'il-
lustrer à jamais.

Nous disions qu'il y a là, soit dans l'intérieur de la basilique, soit
groupés autour d'elle, de petits sanctuaires très remarquables; ce
sont : la sainte chapelle de la Portioncule; le lieu où mourut le saint,
converti en chapelle qui porte son nom; le Spinetto; la chapelle des

Roses; le couvent que les religieux habitent, enfin la basilique elle-même.

Rafraîchissant nos souvenirs, allons parcourir de nouveau ces lieux bénis.

§ 1. — LA SAINTE CHAPELLE DE LA PORTIONCULE

Inutile d'entrer dans de grands et minutieux détails sur les origines de ce saint lieu. Il est facile de les trouver dans les livres. Contentons-nous seulement des indications nécessaires pour le but que nous nous proposons.

Saint Bonaventure assure que cette chapelle était depuis longtemps appelée *Sainte-Marie-des-Anges*, à cause de fréquentes apparitions des esprits célestes dans cet antique sanctuaire de Marie.

On sait comment et par quel prodige le nom de *Portioncule* a prévalu. C'est un nom plein de charmes pour les âmes chrétiennes. En mourant, le saint patriarche recommanda à ses frères éplorés d'aimer ce sanctuaire d'un amour de prédilection, à cause qu'il était particulièrement cher à la sainte Vierge. C'est aussi sur ce point le témoignage de saint Bonaventure, dans sa vie de saint François, appelée *Légende majeure*.

L'histoire raconte que cette sainte chapelle fut construite par quatre ermites venus de Jérusalem, en 352. Ils y déposèrent une relique du tombeau de la sainte Vierge, que saint Cyrille leur avait donnée avant leur départ, et la dédièrent à la Mère de Dieu sous le vocable de *Maria assumpta in cœlum;* de là le nom de Notre-Dame-des-Anges, qui, comme nous l'avons dit tout à l'heure, y faisaient de fréquentes apparitions. Elle a été toujours profondément vénérée dans cette contrée.

Saint Benoît, cent soixante ans après, la trouvant abandonnée et presque en ruines, la rebâtit et fit construire tout à côté un petit couvent que les bénédictins nommèrent *Portioncule*, « notre petite part. » Six siècles après, pour un motif que l'histoire ne dit point, ces religieux l'abandonnèrent et allèrent s'établir ailleurs. Aussi bientôt elle fut de nouveau dans un état lamentable.

En 1208, saint François, qui aimait ce lieu entre tous, l'accepta des Bénédictins. Il le restaura de ses propres mains, y reçut les nombreux disciples que Dieu lui envoya et y fonda son Ordre, heureux qu'il était de pouvoir mettre son œuvre sous l'égide de Marie, dans son antique sanctuaire.

C'est là encore que sainte Claire, la noble et jeune fille d'une illustre et opulente famille d'Assise, foulant aux pieds tout ce que le monde estime et recherche avec tant d'avidité, méprisant sa beauté séduisante, le cœur tout brûlant d'amour pour Dieu, prit la résolution de tout quitter et embrassa la vie religieuse la plus rude, sous la direction de son saint compatriote, dont la parole séraphique avait préparé et enflammé son âme si pure.

Avec elle et par elle saint François fonda dans ce béni sanctuaire l'ordre des Clarisses, c'est-à-dire des religieuses franciscaines, similaire du sien. On raconte que Dieu se plut à montrer, quelques jours après, combien cette seconde fondation lui était agréable. Pendant que Claire, admise par faveur à la pauvre table des moines, écoutait avec avidité les paroles brûlantes d'amour divin qui sortaient de la bouche du saint, elle fut ravie en extase. L'émotion produite sur les religieux fut grande. L'extase dura longtemps, et tous y virent une première et merveilleuse approbation que Dieu donnait à leur saint Institut.

Il faudrait des pages et des pages pour dire les prodiges et les faits surnaturels qui se sont accomplis dans cette sainte chapelle. Les Annales franciscaines en sont pleines; et combien cependant qui resteront toujours ignorés. Le plus grand, le plus important, surtout à cause de l'utilité qui en résulte pour les âmes chrétiennes de tous les âges, est celui que l'on appelle *le grand pardon d'Assise*, ou mieux : *l'indulgence de la Portioncule.*

Voici comment Conrad, évêque d'Assise, en a fait le récit par une lettre adressée à tous les chrétiens de l'univers, en 1335, et précieusement conservée dans les archives du couvent de Saint-François à Assise même :

« Une nuit, le saint patriarche, prosterné dans la petite cabane qu'il s'était établie, à côté du sanctuaire, et que les pèlerins ne manquent point de visiter, priait Dieu avec une ferveur plus grande encore que de coutume et tout en larmes pour les pauvres pécheurs, dont le malheureux état désolait son cœur d'apôtre. Tout à coup des anges lui apparurent et lui annoncèrent que Notre-Seigneur et sa divine Mère l'attendaient dans la sainte chapelle.

« François se lève aussitôt et accourt, conduit par ces célestes messagers. Il entre dans l'église. Quel n'est point son saisissement quand il voit Notre-Seigneur Jésus-Christ et la très sainte Vierge entourés d'une multitude d'esprits célestes. Il se prosterne dans l'humilité la plus profonde.

« — François, lui dit alors le Seigneur, demandez ce que vous voudrez pour le salut des hommes, parce que vous avez été donné comme un flambeau au monde et un soutien à mon Église terrestre. »

« Et François se tenait toujours prosterné la face contre terre et dans un ravissement extraordinaire. Reprenant enfin courage, il répondit :

« — Très saint Père et souverain Seigneur, moi pauvre et misérable pécheur, je vous supplie de daigner accorder au genre humain la grâce suivante : Donnez, à quiconque viendra en ce lieu et entrera dans cette église, le pardon et l'indulgence de tous les péchés qu'il aura confessés à un prêtre, et pour lesquels il aura reçu la pénitence. Je supplie la bienheureuse Marie, votre Mère, et l'avocate du genre humain, de daigner appuyer ma requête et d'intercéder pour moi auprès de votre très clémente Majesté. »

« Alors la Reine des anges, accédant à la prière du bienheureux François, se mit à supplier son divin Fils en lui disant :

« — Dieu très haut et tout-puissant, je supplie votre divinité, et je demande humblement que Votre Majesté daigne exaucer la prière du frère François, votre serviteur. »

« La divine Majesté répondit aussitôt :

« — Ce que vous demandez, frère François, est bien grand; mais vous êtes digne de faveurs plus grandes encore. J'exauce donc votre humble supplique. Cependant il faut que vous alliez trouver mon vicaire, le souverain pontife Honorius III, à Pérouse, et que vous lui demandiez, de ma part, ladite indulgence. »

« Dès le lendemain, François partit de très bonne heure pour Pérouse, accompagné d'un de ses religieux. Or voici en quels termes il formula sa demande au saint-père :

« — A cause des faveurs que Dieu a accordées à ce lieu (la chapelle de la Portioncule), je désire qu'il plaise à Votre Sainteté, que quiconque viendra dans cette église, avec le cœur contrit, après s'être confessé et avoir reçu l'absolution d'un prêtre, selon qu'il sera nécessaire, soit absous, dans le ciel et sur la terre, de la peine et de la coulpe de tous les péchés qu'il a commis depuis le jour de son baptême jusqu'au jour et à l'heure de son entrée dans cette église. Je désire, de plus, qu'il n'y ait pas d'autres conditions à remplir. »

« Le pape lui répondit :

« — François, vous me demandez quelque chose de bien grand, et ce n'est pas la coutume de la curie romaine d'accorder une telle indulgence.

« — Sainteté, reprit François, ce que je vous demande, je ne vous le demande pas en mon nom, mais au nom de Notre-Seigneur Jésus-Christ qui m'envoie à vous. »

« Et alors il raconta la céleste vision de la nuit précédente.

« Le pape répondit :

« — Eh bien! je consens qu'il en soit ainsi. Je veux que vous l'ayez, je veux que vous l'ayez, je veux que vous l'ayez. Qu'il en soit ainsi au nom du Seigneur. »

« Alors, continue la lettre de l'évêque d'Assise, les cardinaux présents s'efforcèrent de déterminer le pape à se reprendre et à révoquer cette souveraine indulgence, alléguant qu'elle serait bien préjudiciable à la terre sainte, et qu'on n'irait plus aux saints lieux ni aux tombeaux de saint Pierre et de saint Paul, pour gagner une indulgence que l'on pourrait plus facilement et complètement gagner à la Portioncule.

« — Je ne révoquerai pas ce que j'ai promis, répondit le pape. Nous la lui avons donnée et accordée, et nous ne pouvons ni ne voulons défaire ce qui est fait. »

« Les cardinaux insistèrent :

« — Restreignez au moins. »

« Et le pape répondit :

« — Nous la modifierons de manière à ce qu'elle ne s'étende qu'à un jour naturel; mais à perpétuité, chaque année, depuis les premières vêpres, y compris la nuit, jusqu'aux secondes vêpres du lendemain. »

Peu après, dans une deuxième vision, semblable à la première, accordée à François dans la sainte chapelle, après le miracle des roses, que nous raconterons bientôt, Notre-Seigneur annonça à son serviteur que la concession donnée par le saint-père était ratifiée dans le ciel, et il fixa lui-même le jour annuel : des premières vêpres du 1er août jusqu'aux vêpres du jour suivant. Il lui ordonna d'aller trouver à Rome son Vicaire et de le prier de publier son indulgence; et comme témoignage de lui offrir trois des roses blanches et trois des roses rouges, poussées miraculeusement sur les rosiers sauvages du Spineto (on était alors en janvier); de conduire avec lui les trois religieux qui entendaient les paroles prononcées dans cette seconde apparition, sans qu'il fût accordé de voir les personnes. Ils témoigneraient devant son vicaire et devant la cour romaine la vérité de son récit.

Aussitôt le *Te Deum* retentit dans ce saint lieu, chanté par les anges qui se réjouissaient de voir la Bonté divine accorder aux hommes de bonne volonté un nouveau moyen d'assurer leur salut éternel. Et François fit ce que Notre-Seigneur lui avait commandé. On était alors en l'an 1216.

Le souverain pontife proclama devant sa cour l'indulgence du Grand Pardon; et, d'après ses ordres, sept évêques de la province de l'Ombrie ou les plus rapprochés la publièrent le 1er août suivant, au milieu d'une foule immense.

Saint François commença le premier par un sermon d'une éloquence tout angélique qui électrisa l'assistance. Après lui, les sept évêques parlèrent aussi. Le lendemain, 3 août, ces prélats consacrèrent la petite et sainte chapelle.

Depuis cette époque les pèlerins n'ont pas cessé d'accourir au jour désigné pour gagner l'indulgence. On en a compté plus de deux cent mille.

Plus tard les souverains pontifes ont étendu ce privilège de l'indulgence de la Portioncule à un grand nombre d'autres églises; mais toujours aux mêmes conditions et au même jour.

Décrivons maintenant ce sanctuaire :

Il est placé, comme la Santa-Casa de Lorette, sous la belle coupole de la basilique. Sa longueur est d'environ dix mètres, sa largeur de six. Les deux façades, tant celle de devant que celle de derrière, se terminent par un pignon d'une hauteur totale de neuf mètres.

Sur celle de devant s'élève un très gracieux ciborium ayant la forme d'une élégante tourelle octogone et gothique, en marbre blanc, surmontée de jolis clochetons. L'intérieur de ce ciborium renferme la statue de Notre-Dame portant son divin Enfant. Sur chaque faîte de la façade on a placé un ange d'un superbe aspect.

Ce gentil monument a été érigé avec les aumônes de la piété des fidèles envers la très sainte Vierge et Notre-Seigneur pour perpétuer encore mieux le souvenir de leurs apparitions en ce saint lieu.

Sur la porte d'entrée sont gravées en belles lettres d'or, sur marbre, ces paroles :

HÆC EST PORTA VITÆ ÆTERNÆ

Cette porte est celle de la vie éternelle.

En 1828, Owerbeck vint à Assise et demanda comme une faveur la permission de décorer la façade d'une fresque. Il se mit à l'œuvre le 11 mai 1829, et ne termina que le 12 décembre suivant.

La fresque est ravissante. Elle représente la grande scène de Notre-Seigneur Jésus-Christ, accompagné de sa Mère et des anges, accordant à saint François la grande indulgence du pardon. Elle est encadrée d'une riche et élégante bordure de rinceaux entremêlés de la figure du bon Pasteur et d'anges; le tout sur fond d'or. C'est d'un effet magnifique.

L'intérieur de la chapelle a presque l'aspect d'une crypte avec ses murailles formées par des blocs de granit brun, qui a pris le poli du marbre.

Des ex-voto innombrables prouvent les grâces obtenues en ce lieu béni. On dirait la voûte étoilée par la lumière d'un grand nombre de lampes qui brûlent sans cesse, et dont l'or ou les dorures servent de réflecteurs.

Mais le regard ne s'arrête pas là; il va surtout à l'autel. C'est avec un ineffable plaisir qu'on se souvient qu'en cet endroit même, le Sauveur du monde et sa sainte Mère ont daigné apparaître plusieurs fois à leur bien-aimé serviteur; c'est de là qu'il voulut bien accorder la très précieuse indulgence de la Portioncule. On croit donc assister à cette scène céleste, magnifiquement rendue d'ailleurs par la peinture. Dans ce mystérieux sanctuaire, tout invite au recueillement et à la ferveur. Ce fut alors vraiment le ciel sur la terre; il s'en dégage, pour l'âme du pèlerin, comme une émanation divine. La prière y revêt une plus grande ferveur.

En sortant par la petite porte latérale, — car il fallut ouvrir une porte latérale pour laisser s'écouler les pèlerins tant leur nombre grandissait, — on vénère avec respect le tombeau du bienheureux Pierre de Catane, ce chanoine d'Assise qui vint le second se faire le disciple de saint François. Il fut un très fervent religieux, et mourut en odeur de sainteté. Voici son épitaphe, que nous avons copiée :

ANNO DOMINI MCC XXI. VI. ID... MARTII, CORPUS
FRATRIS P. CATANII, QUOD HIC REQUIESCIT. MIGRAVIT AD
DOMINUM ANIMA; CUI BENEDICAT DOMINUS. — AMEN.

« L'an du Seigneur 1221 et le 6ᵉ des Ides de mars (10 mars), le corps du frère Pierre de Catane fut déposé ici. Son âme s'envola vers le Seigneur. Que Dieu la bénisse. Ainsi soit-il. »

Nous dirons bientôt de quelle profonde vénération ces précieuses reliques furent l'objet, et par quel miracle charmant, orné d'une naïveté toute surnaturelle, saint François mit fin à l'immense concours des pèlerins qui venaient de fort loin à cette tombe glorieuse.

Passons sans plus de retard à la chapelle qui porte le nom de notre saint patriarche d'Assise.

§ 2. — LA CHAPELLE DE SAINT FRANÇOIS — PORTRAIT DU SAINT
— RÉCIT DE SA MORT — SES FUNÉRAILLES
— SON CÉLÈBRE CANTIQUE DU SOLEIL OU DE LA MORT

A dix pas environ de cette chapelle vénérée de la Portioncule, un peu vers le chœur de la basilique, se trouve un autre sanctuaire qui ne mesure tout au plus que cinq mètres sur quatre et peut-être encore murs compris. C'est l'ancienne infirmerie des religieux, dans laquelle le saint a passé les derniers temps de sa vie, et où il est mort.

Aussitôt après la canonisation elle fut transformée en chapelle, à laquelle on donna son nom. Les murs sont les mêmes qu'alors et la forme aussi. La seule modification importante qu'on y ait apportée consiste en ce que, à la place d'une petite fenêtre qui donnait sur la sainte chapelle de la Portioncule, on a pratiqué une large, bien large porte qui l'éclaire et permet aux fidèles d'assister, de l'intérieur de la basilique, à la messe et aux cérémonies qu'on y célèbre.

Statue de saint François, en faïence émaillée, par Lucca della Robbia, dans la basilique de la Portioncule.

La pauvre toiture du temps du saint a fait place à une voûte. Mais on voit, à gauche, avec plaisir et la vieille porte de l'infirmerie et les planches vermoulues, les ferrures, le loquet même. Seulement il a fallu revêtir cette vieille porte d'un treillis de fer assez épais pour la préserver de la pieuse indiscrétion des pèlerins, comme on a fait, par exemple, à Ars pour le vieux confessionnal du saint curé; à Avila, pour celui où saint Jean-de-la-Croix recevait les saintes communications de la séraphique sainte Thérèse et aussi en bien d'autres sanctuaires.

Le placard, de forme ogivale, qui se trouve en face de cette porte, est le même dans lequel l'infirmerie tenait sa pauvre vaisselle. On y conserve encore un très beau reliquaire en marbre qui contient une des cordes-ceintures de saint François, la croix d'un bienheureux de son Ordre, Antoine Stronconio, et des reliques de saint Bonaventure.

La statue qui est dans la niche au-dessus de l'autel est la célèbre statue de saint François, en terre cuite émaillée, par Luca della Robbia. On dit que ce grand artiste a fait ce chef-d'œuvre d'après le masque modelé sur le saint aussitôt après sa mort.

La tradition affirme qu'elle est absolument ressemblante; d'ailleurs elle correspond parfaitement au portrait qu'en ont fait Thomas de Celano, son premier biographe, Kant et ses contemporains.

Celano entra dans l'ordre en 1215. Pendant onze ans il fut son disciple, son ami, et il faut même ajouter son fils de prédilection. C'est sur l'ordre formel de Grégoire IX qu'il écrivit la vie de son vénéré père.

Or voici le portrait que ces deux hagiographes ont tracé :

« Saint François était d'une taille un peu au-dessous de la moyenne. Sa tête était droite, ronde, peu volumineuse, et la face un peu ovale. Il avait les cheveux souples et noirs, le front petit et plat, les sourcils bas et en ligne droite, les tempes creuses, les oreilles petites et saillantes, les yeux petits, le nez droit et fin, les lèvres serrées, les joues amaigries, la barbe noire mais courte et peu fournie. Les épaules étaient droites, les bras courts et les mains petites, mais les doigts étaient longs et effilés. »

Quand on fixe cette statue avec attention, on voit que la figure est pleine de douceur et de bonté surnaturelles. Les yeux sont comme larmoyants; l'ensemble respire la souffrance. On dirait que le saint sort d'une de ces contemplations qui lui étaient habituelles sur les douleurs et la mort de son Amour crucifié, pendant lesquelles il versait tant de larmes et s'écriait : « O amour! L'Amour n'est pas aimé! » ou bien ces autres paroles que nous avons citées plus haut et qui lui étaient si familières : « Mon Dieu et mon tout! Mon Dieu et mon tout! » Il avait beau s'envelopper d'humilité, son regard reflétait l'intelligence.

L'intérieur de cet oratoire est orné de fresques représentant des saints de l'Ordre, principalement les premiers disciples du patriarche.

Dans l'autel même il y a de précieuses reliques : du sang et des cheveux du saint, de la tunique qu'il portait le jour de sa mort, des cheveux de sainte Claire et autres pieuses reliques. Au reste, un tableau placé à l'entrée en fait la nomenclature.

Mais la plus précieuse de toutes serait le cœur même de saint François placé dans l'autel, si l'existence en cet endroit de ce cœur séraphique ne faisait point l'objet d'une discussion toujours vivante entre les franciscains de la Portioncule et les conventuels du sacré couvent d'Assise.

Ceux-ci veulent qu'il soit avec le saint corps à Assise même ; ceux-là, au contraire, disent qu'aussitôt mort, les religieux, en procédant au lavage du corps et aux apprêts funéraires, l'enlevèrent afin de le placer dans un lieu sacré et secret de cette basilique de Sainte-Marie-des-Anges, qu'il avait aimée d'un amour de véritable prédilection.

Le R. P. Barnabé d'Alsace, franciscain, qui nous fit les honneurs de la basilique, auteur d'un opuscule fort intéressant d'ailleurs, nous fit, à ce sujet, toute une dissertation, et certes avec une conviction profonde et animée :

« Des deux, qui a raison ? c'est encore le secret de Dieu. Si saint François, dont la vie ne fut qu'une suite ininterrompue de prodiges, n'a pas jugé à propos de révéler, n'importe de quelle manière, la vérité sur ce point, il doit avoir ses raisons.

« Il n'en reste pas moins vrai que ces deux insignes églises sont dignes de la plus grande vénération : l'une (celle-ci) comme berceau de l'Ordre, habitation ordinaire de son fondateur et témoin de sa mort glorieuse ; l'autre (dans l'intérieur de la ville) comme gardant son précieux tombeau, et redisant en d'admirables chefs-d'œuvre de peinture sa merveilleuse vie.

« Que chacune garde donc ses titres ; qu'elle en soit fière : ils sont beaux, glorieux, et qu'on laisse au saint le soin de se révéler sur ce point quand il le jugera bon. Il faut désirer que tous ses fils indistinctement s'embrassent, dans la plus grande union, sur le cœur si aimant de leur illustre père. »

Mais ce qui est hors de doute, c'est que c'est là, dans ce petit oratoire, alors infirmerie, que mourut saint François. Et comme la mort est le couronnement de la vie, lisons-en le récit dans les vieilles chroniques franciscaines. Une photographie que nous avons sous les yeux fait revivre dans nos souvenirs une superbe peinture, des plus remarquables assurément, de la Portioncule.

Nous avons vu un peu et à bâtons rompus comment vivent les saints, voyons maintenant comment ils meurent.

Depuis quelques jours l'évêque d'Assise, qui avait pour saint François une grande vénération et l'aimait tendrement, l'avait fait porter dans son palais afin de lui donner les soins que réclamait sa santé fortement compromise par tant de mortifications et de travaux. Le saint avait dû obéir.

Mais connaissant peu après que l'heure de la délivrance approchait, il supplia l'évêque de le laisser retourner à sa chère Portioncule. « Il voulait, dit le grand docteur saint Bonaventure, un de ses illustres disciples, rendre le dernier souffle de la vie mortelle là même où il avait reçu le souffle divin de la vie de la grâce. » L'évêque céda. On l'emporta donc.

Quand le cortège fut arrivé dans le vallon, François fit retourner vers la ville le brancard sur lequel ses frères le portaient. On s'arrêta un instant. Alors se soulevant sur sa couche de douleurs, le patriarche fondit en larmes, se mit à prier pour Assise, sa ville natale ; élevant les bras vers le ciel, il la bénit une dernière fois et lui adressa ces prophétiques paroles :

« Sois bénie du Seigneur, ville fidèle à Dieu, parce que beaucoup d'âmes seront sauvées en toi. Les serviteurs du Très-Haut habiteront en grand nombre dans ton enceinte, et beaucoup de tes enfants seront choisis pour la vie éternelle. »

Et le cortège continua sa course au milieu d'une émotion poignante de tous ceux qui le composaient.

Convenons que cette scène est bien belle en effet ! Comme elle rappelle celle de Notre-Seigneur regardant, lui aussi, la veille de sa mort, Jérusalem, sa patrie terrestre, et pleurant sur elle ! Sur elle, coupable, ingrate, déicide, et que sa justice divine serait obligée de frapper bientôt ! Mais les larmes divines de Jésus ne ressemblaient pas aux larmes de François d'Assise. Elles furent des pleurs de tristesse, de pitié, d'un cœur brisé par l'ingratitude d'enfants coupables. Celles de saint François étaient toutes de joie et de bénédiction. Sa belle âme ne veut faire descendre sur sa chère ville que

des souhaits de bonheur et les grâces du ciel. C'était là le testament
de son cœur filial avant de se livrer à la mort. Quelle tendresse dans
le cœur des saints ! Qui donc a plus aimé la patrie qu'eux ? Comme
Jésus, ils pleurent sur ses malheurs en versant des larmes de joie sur
sa félicité.

Oui, on l'a toujours vu et on le verra toujours : plus une âme est
chrétienne, plus elle est sainte, et plus aussi elle aime son pays.

Mort de saint François d'Assise.

L'amour de la patrie, mais n'est-ce pas une des formes de la charité !
Et la charité n'est-ce pas le fondement de la sainteté ?

Dieu exauça pleinement les bénédictions de son fidèle serviteur.
Après Rome y a-t-il en Italie, — nous allions dire au monde, —
une cité qui ait des annales aussi chrétiennes, aussi glorieuses
qu'Assise ?

Arrivé à la Portioncule, le saint se fit porter non pas dans sa cellule,
mais à l'infirmerie, parce qu'elle touchait presque à la sainte chapelle,
et que, de sur son grabat, il pourrait la voir. Avant de quitter le palais
de l'évêque il avait écrit à sainte Claire et à ses pieuses filles pour
leur faire ses adieux et les bénir une dernière fois. Maintenant il ne
voulut plus songer qu'à préparer son cœur à la venue de son divin
Amour.

Ses souffrances augmentèrent terriblement, mais aussi avec elles
sa patience. L'estomac surtout le torturait cruellement, il refusait

absolument la plus petite nourriture. Toujours cependant son âme restait dans un calme admirable.

Jugeant la mort toute prochaine, il se dépouilla de ses vêtements, s'étendit sur la terre nue, voulant expirer dans la plus complète pauvreté ; puis il fit à ses frères éplorés ses suprêmes recommandations, que d'ailleurs il leur avait laissées par écrit.

Il pressait sur son cœur son cher Crucifix, qu'il baisait à tout instant avec une ineffable tendresse.

Oh ! quels ne devaient pas être, en effet, les élans de ce séraphin terrestre aux approches de son Bien-Aimé !

Tout à coup, se souvenant qu'on pouvait peut-être entrevoir sur son côté droit la plaie sacrée des stigmates dont ce Bien-Aimé avait voulu glorifier son corps, il la couvrit de sa main gauche.

Il s'informa si tous les frères étaient bien là, manda les absents, et adressa à tous ses derniers avis, leur recommandant la plus grande vénération pour ce lieu béni, assurant que Dieu et sa sainte Mère l'aimaient d'un amour de prédilection.

« Ici, leur dit-il expressément, quiconque priera avec piété sera exaucé. »

Il les exhorta fortement à la pratique fidèle de leur sainte Règle, et enfin leur parla de l'amour qu'il devait à Dieu avec des accents incomparables de célestes ardeurs.

Se tournant ensuite vers le médecin :

« Eh bien ! mon frère le médecin, lui dit-il, annoncez-moi donc quand viendra la mort pour m'ouvrir les portes de la vie. »

Entre temps, son vicaire général lui avait fait accepter, mais par obéissance, une tunique, ne voulant pas le laisser plus longtemps avec son seul vêtement de dessous sur la terre nue. Bientôt il leur dit :

« Frères bien-aimés, lorsque vous me verrez réduit à l'extrémité, dépouillez-moi de cette tunique et couchez-moi sur ce sol nu, comme vous m'avez vu, et laissez-moi dans cet état un peu de temps après que j'aurai rendu le dernier soupir. »

Mais cette âme voulait bénir Dieu jusque dans la mort. Elle voulait le bénir avec toutes les créatures qu'elle avait si souvent associées à son amour divin. Aussi, sur son ordre, deux frères chantèrent alors, quoique les yeux pleins de larmes, son cantique du Soleil, appelé aussi cantique de la Mort, qu'il avait composé précédemment et qu'il aimait entre tous, parce qu'il s'unissait ainsi à la nature entière qui publie les gloires du Créateur. Et sa voix affaiblie, oubliant ses souffrances si vives, se mêla doucement à celle de ses frères.

Bientôt, le dernier moment étant proche, sur son désir, chacun des religieux vint se placer devant lui. Et à mesure qu'ils passaient, lui, posant sur leur tête ses mains défaillantes, les bénissait avec tendresse, et les exhortait par une bonne et douce parole.

Ses yeux étaient fermés à la lumière de ce monde. On lui apporta les saints Évangiles. Il se fit lire la Passion, prise dans saint Jean ; l'écouta dans un saint ravissement. Tous pleuraient. Pour lui obéir, on lui enleva la tunique; on le revêtit de son cilice. Il exigea même qu'on couvrît de cendres « son pauvre corps qui, dit-il, allait être bientôt réduit en poussière ».

C'est alors que, d'une voix faible, mais distincte encore, il récita le magnifique psaume : « *Voce mea ad Dominum clamavi*. J'ai élevé ma voix suppliante vers le Seigneur; je lui ai adressé mes vœux. » Et quand il eut prononcé ces paroles : « *Me exspectant justi*. Les justes m'attendent au suprême bonheur, » son âme s'envola, doucement et sans la moindre secousse, vers le ciel. C'était un dimanche à la première heure, c'est-à-dire à minuit, le 4 octobre 1226. Il avait quarante-cinq ans.

Dix-huit ans s'étaient écoulés depuis la fondation de son Ordre, dans ce même lieu où il venait de mourir.

Au même instant un frère fut ravi en extase, et il vit cette sainte âme s'envoler vers le ciel sous la forme d'une étoile grande comme la lune et toute éblouissante de clarté.

Alors aussi il apparut à son ami l'évêque d'Assise, absent en ce moment de sa ville, à cet ami qui avait toujours eu pour lui une si vive affection, et il lui dit :

« Je quitte la terre et je m'en vais au ciel. Gloire à Dieu! »

La mort l'eut à peine touché que son visage se transfigura. Il se revêtit d'une angélique beauté qui frappa d'admiration tous ceux qui vinrent le contempler.

Les stigmates apparurent plus que jamais. Ils prirent, tant aux mains qu'aux pieds et au côté, une couleur et une teinte tellement fraîche et comme de marque si récente, qu'on aurait cru que ce corps venait d'être descendu d'une croix; ses membres sacrés semblaient percés depuis peu; ses plaies merveilleuses saignaient. Il fallut les laisser contempler à loisir par tous les visiteurs jusqu'au moment de la sépulture.

Par un autre miracle éclatant de la bonté divine, glorifiant déjà son grand serviteur, des clous apparurent dans ces plaies sacrées, noirs comme du fer, formés d'une boursouflure de cette chair virginale; ils remplissaient les trous des mains et des pieds. Ils y adhéraient tellement, que si on les poussait d'un côté ils s'avançaient de l'autre.

Nous racontons tous ces détails d'après la chronique franciscaine, rapportés aussi par les auteurs du temps, et particulièrement par saint Bonaventure, dont une âme chrétienne n'oserait certes pas contester l'autorité.

La plaie du côté avait une longueur d'environ trois doigts; elle était d'un rouge très prononcé, et ses bords repliés en rond. Comme on le sait, saint François était très brun; or ses chairs devinrent d'un blanc admirablement lumineux.

Et ce spectacle prodigieux fut contemplé par une foule immense qui accourut aussitôt de toute la contrée, car la nouvelle de cette sainte mort se répandit comme une traînée de poudre. Prélats, prêtres, religieux, fidèles de tout rang et de toute sorte, tous vinrent, et la plupart voulurent passer devant cette sainte relique tout le temps qui s'écoula jusqu'à la sépulture. On ne cessa d'y prier et d'y chanter les louanges de Dieu et de son illustre serviteur.

Ah! ils étaient loin les jours où même ses compatriotes le regardaient comme un insensé et le couvraient de leurs opprobres. Tout deuil disparut, c'était l'allégresse; c'était déjà le triomphe.

Quand le moment des funérailles fut venu, le cortège devint immense. On n'entendit plus que des cantiques; chacun portait d'une main un rameau d'olivier, de l'autre un flambeau, et les chants se mêlaient aux sons éclatants des trompettes sacrées.

Le convoi était conduit d'abord par les Frères, qui portaient le saint corps; puis venaient les prêtres d'Assise, les religieux de tous ordres, un innombrable clergé accouru même de très loin, et enfin

la foule. Quel spectacle! C'était bien déjà la canonisation populaire en attendant l'autre [1].

On conduisit le corps au lieu que François avait choisi lui-même, c'est-à-dire sur la colline dite d'Enfer, là où on exécutait et enterrait les criminels.

Sur les désirs ardents de sainte Claire et de ses pieuses filles, on s'arrêta quelques instants à Saint-Damien. Il était bien juste, en effet, de leur laisser contempler une dernière fois leur vénéré Père, et de leur fournir l'occasion unique de pouvoir baiser avec un saint respect les sacrés stigmates. Alors il se passa un incident à noter :

Dans son religieux amour, Claire aurait vivement désiré garder une pieuse relique de ce corps virginal. Elle essaya donc, et avec force, d'arracher un des clous de chair formés dans le trou des mains. Mais inutile; ses efforts n'aboutirent qu'à faire couler plus abondamment le sang de cette plaie vénérable. Il fallut se contenter de la baiser humblement.

Quand nous visitâmes cette précieuse chapelle, où s'était produite cette scène merveilleuse de la mort sublime du grand patriarche, nous venions d'en lire les détails dans l'opuscule que nous avons cité plus haut; et le bon Père, qui en est l'auteur et qui nous conduisait, nous les raconta encore avec l'amour d'un fils tout heureux de redire les gloires de son Père. Il nous semblait donc voir là, sous nos yeux, ce merveilleux spectacle. De longtemps ce souvenir ne s'effacera point de notre âme.

Comme on prie avec ferveur dans ce lieu béni! L'imagination supprime les distances et la longueur des temps écoulés depuis; et en s'éloignant, du cœur ému s'échappe cette prière : « Mon Dieu, puissé-je mourir moi aussi de la mort des saints [2]! »

Ne quittons point cependant ces deux petits sanctuaires, que la coupole de la basilique abrite comme sous un manteau royal, sans relire ce beau et naïf cantique du Soleil et de la Mort, qui fut le chant du cygne du séraphin d'Assise. Le voici, traduit de l'italien par la plume élégante du marquis de Ségur, un des fervents admirateurs de saint François :

---

[1] La canonisation officielle fut faite, dans l'année même, par le pape Grégoire IX, qui avait tant connu et aimé le saint, alors qu'il était le cardinal Ugolini.

[2] Nombres, xv, 35.

LE CANTIQUE DU SOLEIL ET DE LA MORT

Grand Dieu, père et Seigneur des hommes et des anges,
Souveraine puissance et suprême bonté,
A vous seul, ô mon Dieu, la gloire et les louanges,
    Pendant toute l'éternité.

Loué soit mon Seigneur pour le soleil mon frère,
Qui dissipe la nuit et nous donne le jour.
Sa splendeur est céleste, et sa pure lumière
    Est un reflet de son amour.

Soyez béni, mon Dieu, pour nos sœurs les étoiles,
Et pour la lune aussi, leur reine et notre sœur,
Qui de la nuit obscure illuminent les voiles,
    Pleines d'éclat et de douceur.

Soyez loué, Seigneur, pour le vent notre frère,
Pour le nuage sombre et la sérénité;
Par leur succession vous donnez à la terre,
    La vie et la fécondité.

Soyez loué, mon Dieu, pour votre créature,
Notre sœur l'eau, charmante en sa limpidité
Qui lave et fertilise, et dont la beauté pure,
    Symbolise la chasteté.

Loué soit le Seigneur pour le feu notre frère,
Qu'il réveille la vie ou qu'il porte la mort;
De lui vient la chaleur, de lui vient la lumière,
    Il est pur, rayonnant et fort.

Loué soit le Seigneur pour notre vieille mère
La terre, qui produit les fruits et les fleurs,
Qui nous porte et nous berce, et de qui la poussière
    Se féconde par nos sueurs.

Soyez béni, mon Dieu, pour celui qui pardonne
Et souffre les affronts d'un cœur tranquille et doux,
Heureux qui vit en paix sans offenser personne;
    Il sera couronné par vous.

Soyez béni, mon Dieu, pour notre sœur terrible
La mort que nul vivant ne peut fuir ici-bas.
Le méchant tremble et meurt; mais le chrétien paisible
    S'endort souriant dans vos bras.

Loué ! loué le Dieu des hommes et des anges !
Exaltez sa puissance et chantez sa bonté;
A lui seul les honneurs, la gloire et les louanges,
    Pendant toute l'éternité.

Comme on le voit, saint François était vraiment poète. Ce cantique n'est pas le seul, au reste, qu'il ait composé.

Son âme séraphique avait, selon la parole de Louis Veuillot, si bien vaincu le péché et retrouvé la pureté de l'Éden, qu'il voyait Dieu partout. Il l'adorait, l'aimait dans toutes ses créatures où se reflétaient pour lui comme dans un miroir les divines et infinies perfections.

N'est-ce pas, d'ailleurs, aussi là la pensée de saint Paul? Toutes lui parlaient de Dieu. Dans cette âme l'ordre et l'harmonie divine avaient rétabli leur règne total. Aussi parfois, dans la sainte ivresse de son amour, ne pouvant plus retenir au dedans de lui-même les accents enflammés de son cœur, ils éclataient en des termes d'une poésie toute céleste.

C'est une chose remarquable que les âmes les plus brûlantes de charité pour Dieu ont été aussi très souvent des âmes poétiques. N'avaient-elles pas, et à un degré infiniment supérieur, ce *mens divinior* (ce souffle divin) que réclamait Horace pour ses poètes du paganisme?

Après tout, la poésie n'est-elle pas un art? Or, l'art c'est l'expression du vrai et du beau; et comme la vérité suprême, la beauté suprême c'est Dieu; il s'ensuit que la condition essentielle de la poésie, ainsi que de tous les autres arts, c'est aussi de chercher en Dieu son modèle et ses inspirations. Voilà pourquoi, pour le dire en passant, pour l'artiste quel qu'il soit, tout ce qui le rapproche de l'idéal divin est un progrès, tout ce qui l'en éloigne une décadence; et quand le poète chante le mal, le faux ou sert au vice, ce n'est plus la beauté, ce n'est plus l'art véritable, cela en est une sacrilège déviation. Sa maxime fondamentale doit être : *Sursum corda.* Il ne peut pas y avoir de poésie sans inspiration, et l'inspiration vient d'En-Haut, et jamais des basses et impures régions de l'erreur ou du vice.

Ces quelques mots suffisent pour s'expliquer pourquoi beaucoup de ces sublimes mystiques qu'on nomme les grands saints, comme saint François d'Assise, avaient vraiment des âmes de poètes. Leur poésie n'était pas autre chose que l'expression des rapports merveilleux de leur cœur avec Dieu, le rayonnement en eux de l'amour divin, quelque chose enfin de l'idéal suprême entrevu comme dans l'extase.

Si, sur ce point, nous voulions citer des noms, la liste en serait longue.

« Je connais, dit sainte Thérèse, une personne qui, sans se croire poète, a parfois composé, sur-le-champ, des stances d'une véritable poésie, dans lesquelles elle peignait, avec beaucoup de vivacité, les peines que lui faisaient souffrir les transports de l'amour divin, et en même temps les douceurs ineffables qu'elle goûtait dans ces peines [1]. »

Et certes, elle en était bien elle-même un magnifique exemple; car cette femme illustre, ce cœur aux ardeurs toutes célestes, a chanté bien souvent, en des paroles d'une superbe poésie, la divine ivresse de son amour.

Saint François a composé ses cantiques en sa langue italienne, alors naissante. On peut dire qu'il a été un des initiateurs de la poésie de sa nation. Dante, qui fut son admirateur, viendra bientôt et la portera à son apogée. Puis le Tasse, au XVIe siècle, lui donnera un nouveau lustre; mais il faut forcément convenir que, par ses cantiques sacrés et son éloquence d'une charmante et inimitable naïveté, saint François a fait sortir la poésie de son pays des langes qui l'enveloppaient.

Visitons maintenant la basilique même de la Portioncule.

§ 3. — LA BASILIQUE DE LA PORTIONCULE

Taine, après l'avoir visitée, n'a su en dire que ces mots :

« On s'en va vite; rien de plus désagréable après la dévotion vraie que la dévotion fausse [2]. »

Voilà où en arrivent même des hommes de talent quand ils ne sont plus chrétiens : *Oculos habent et non videbunt...* Il leur manque ce que de Maistre appelle le sixième sens, qu'il dit être le principal, c'est-à-dire le sens chrétien. A ces âmes le surnaturel échappe; elles ne savent pas le voir. Faut-il les plaindre ou les blâmer? L'un et l'autre peut-être. Eh bien! quoi qu'en dise ce touriste érudit, la basi-

---

[1] *Vie de sainte Thérèse,* écrite par elle-même, chap. VI.
[2] Taine, *Voyage en Italie,* t. II. *Assise.*

lique de la Portioncule a grand air et mérite bien la plus grande attention. Examinons-la en détail.

C'est un des sanctuaires les plus respectables, comme nous venons de le voir; le plus justement renommé de l'Ordre franciscain. Que d'événements s'y sont accomplis! Comme son histoire nécessiterait trop de détails, et que, d'ailleurs, elle n'entre point dans le but que nous voulons atteindre, contentons-nous de quelques indications.

L'église primitive, rebâtie et restaurée convenablement par le saint, après que les Bénédictins la lui eurent confiée, était bien peu de chose, et surtout bien insuffisante à cause du nombre toujours croissant des pèlerins. Du vivant même du saint, elle ne suffit plus pour abriter les religieux, car Dieu donnait à cette œuvre séraphique une merveilluse fécondité; à ce point que trois ans à peine s'étaient écoulés qu'il fallut songer à envoyer des pieux essaims un peu partout. On fonda plus de soixante monastères. Chaque ville d'Italie en réclamait avec instances.

L'histoire raconte que lors du grand Chapitre général, qui eut lieu le 26 mars 1219, lundi de la Pentecôte, les frères, arrivés de toutes les parties du monde, se trouvèrent réunis au nombre de plus de cinq mille. Et cependant il y avait à peine dix ans que l'ordre était fondé. Le cardinal Ugolini, bientôt pape sous le nom de Grégoire IX, celui-là même qui fit la canonisation, présida cette assemblée en qualité de cardinal protecteur.

Or, comment abriter tout ce monde? Saint François fit alors dresser, tout autour de la basilique, des cabanes faites de nattes de jonc et de paille; de là le surnom de chapitre des Nattes.

La ferveur de tous ces pauvres religieux était admirable. Beaucoup n'avaient pas encore vu le saint; aussi ne se lassaient-ils pas de le contempler et de l'entendre.

Il se produisit un incident digne d'être raconté.

Dieu révéla à saint François qu'un grand nombre étaient si fervents qu'ils allaient jusqu'à l'excès dans la pénitence et les mortifications.

« Et, dit le grand annaliste franciscain, le Père Wading, voilà que le saint, lui si passionné pour la pénitence, pour la souffrance, se mit à leur parler sur cette grande vertu; il le fit admirablement, sans aucun doute; mais il leur rappela que si elle est une vertu bien nécessaire, il fallait cependant suivre dans la pratique une conduite plus raisonnable, plus discrète et conforme à la fin de leur ordre, voué à la pénitence, c'est vrai, mais voué aussi aux rudes labeurs de l'apostolat. En conséquence il leur ordonna d'apporter dans la basi-

Église de la Minerve à Rome.

lique leurs cottes de mailles, leurs ceintures de fer et tous les autres instruments de macération dont ils étaient revêtus. Il termina son allocution en recommandant surtout sa chère Pauvreté, pierre fondamentale de leur Institut. »

Tous obéirent sur-le-champ; et l'on vit tout un monceau d'instruments de pénitence inventés par une ingénieuse ferveur.

On dit que saint Dominique, son digne ami, son glorieux émule en sainteté et en zèle, était à cette pieuse et sainte assemblée. Il avait suivi le cardinal Ugolini avec sept de ses religieux, tous venus de Pérouse. Il fut si édifié, si ému de tout ce qu'il voyait, qu'il proposa à François d'unir et de confondre leurs Familles.

L'Ara-Cœli à Rome.

« Non, répondit ce dernier, non, mon cher frère; elles doivent rester séparées, quoique toujours amies, pour ramener l'homme à Dieu par des routes diverses [1]. »

Ces deux hommes, en effet, se sont partagé le monde moral à

[1] Darras, *Histoire de l'Église*, XXVIII. — Le Père Wadding, *Annales franciscaines*.

reconstruire. Et pas un instant les deux familles, qui sont sorties de leur cœur, n'ont cessé d'être unies par la plus fraternelle affection, selon la prédiction du patriarche d'Assise.

« Le baiser de Dominique et de François, qu'ils se donnèrent avec effusion une première fois sans se connaître, sous les portiques de Saint-Jean-de-Latran, s'est transmis de génération en génération sur les lèvres de leur postérité.

« Une jeune amitié unit encore aujourd'hui les Frères Prêcheurs aux Frères Mineurs. Ils se sont rencontrés dans des offices semblables sur tous les points du globe; ils ont bâti leurs couvents aux mêmes lieux; ils ont mendié aux mêmes portes; leur sang répandu pour Jésus-Christ s'est mêlé mille fois dans le même sacrifice et la même gloire; ils ont couvert de leurs livrées les épaules des princes et des princesses; ils ont peuplé à l'envi le ciel de leurs saints; leurs vertus, leur puissance, leur renommée, leurs besoins se sont touchés sans cesse et partout, et jamais un souffle de jalousie n'a terni le cristal sans tache de leur amitié six fois séculaire. Ils se sont répandus ensemble dans le monde comme s'étendent et s'entrelacent les rameaux joyeux de deux troncs pareils en âge et en force; ils se sont acquis et partagé l'affection des peuples, comme deux frères jumeaux reposent sur le sein de leur unique mère; ils sont allés à Dieu par les mêmes chemins, comme deux parfums précieux montent à l'aise au même point du ciel.

« Chaque année, lorsque le temps ramène à Rome la fête de saint Dominique, des voitures partent du couvent de Sainte-Marie-sur-Minerve, où réside le général des Dominicains, et vont chercher au couvent de l'Ara-Cœli le général des Franciscains. Il arrive accompagné d'un grand nombre de ses frères. Les Dominicains et les Franciscains, réunis sur deux lignes parallèles, se rendent au maître-autel de la Minerve, et, après s'être salués réciproquement, les premiers vont au chœur, les seconds restent à l'autel pour y célébrer l'office de l'ami de leur Père. Assis ensuite à la même table, ils rompent ensemble le pain qui ne leur a jamais manqué depuis six siècles, et, le repas terminé, le chantre des Frères Mineurs et celui des Frères Prêcheurs chantent de concert au milieu du réfectoire cette antienne : *Le séraphique François et l'apostolique Dominique nous ont enseigné votre loi, ô Seigneur.*

« L'échange de ces cérémonies se fait au couvent de l'Ara Cœli pour la fête de saint François, et quelque chose de pareil a lieu par toute la terre là où un couvent de Dominicains et un couvent de Franciscains s'élèvent assez proches l'un de l'autre pour permettre

Sainte-Marie-des-Anges.

à leurs habitants de se donner un signe visible du pieux et hérédi taire amour qui les unit[1]. »

Une des décisions les plus remarquables prise à ce grand chapitre des Nattes fut la célébration, chaque samedi, dans tous les couvents de l'Ordre, d'une messe en l'honneur de l'Immaculée-Conception de la très sainte Vierge. Et, plus tard, en 1263, au chapitre de Pise, le docteur saint Bonaventure porta un décret qui compléta cette déci- sion en instituant en outre la fête de l'Immaculée-Conception pour tout l'Institut franciscain.

[1] Lacordaire, *Vie de saint Dominique*. chap. VII.

Quel temps! quels hommes! Est-il étonnant que les peuples fussent si imprégnés de la sève chrétienne, quand ils avaient au milieu d'eux de pareils essaims d'anges terrestres!

Pauvre siècle que le nôtre, vraiment, si on le compare à celui-là! Ah! les saints se font rares. Aussi tout se désagrège, tout semble prêt à crouler. *Salvum fac, Domine, quoniam defecit sanctus* (Ps. XI, 2). O Dieu, donnez-nous, rendez-nous donc des saints.

Peu après la mort de saint François on construisit une église plus vaste. En 1288, il fallut encore l'agrandir. C'est le pape Nicolas IV qui le fit, avec les aumônes du monde entier.

Plus tard, elle fut trouvée de nouveau bien insuffisante, et le célèbre pape saint Pie V, le pape du Rosaire et de Lépante, ordonna une reconstruction, cette fois très considérable, car les flots des pèlerins croissaient toujours, à ce point que, le jour du grand Pardon, ils débordaient tout autour de la basilique.

Il faut dire que, dans toutes ces constructions ou reconstructions, on respecta toujours et la sainte chapelle de la Portioncule et la chapelle de saint François, qui restèrent pieusement et religieusement enchâssées, comme des pierres précieuses, dans le monument et sous la coupole.

Cependant, un jour il plut à Dieu d'éprouver les fils de saint François par un événement qui montra en même temps combien il aimait ce pieux sanctuaire de la très sainte Vierge.

Depuis le mois d'octobre 1631 jusqu'au mois de mars de l'année suivante, l'Ombrie fut fortement secouée par des tremblements de terre ondulatoires. Les secousses furent si violentes à la Portioncule, que la basilique se crevassa de tous côtés.

Le 15 mars de cette même année, pendant une nuit calme et sereine, les trois nefs et le chœur s'écroulèrent avec un fracas épouvantable. Mais, chose providentielle, la magnifique et grande coupole, toute crevassée cependant, resta immobile sur ses quatre piliers. Elle continuait d'abriter ses deux petits sanctuaires : celui de la Reine des anges et celui du saint patriarche.

De l'avis unanime de tous les hommes de l'art, ce fait était humainement inexplicable et contraire à toutes lois de la stabilité. Car cette coupole aurait dû, au contraire, tomber la première. On y voit donc là le doigt de Dieu et la puissante intervention de saint François, et ce prodige rendit encore plus populaire cette chapelle de la Mère de Dieu.

En 1836, par les soins de Grégoire XVI, la basilique a été restaurée, on devrait même dire rebâtie, presque entièrement. Les aumônes affluèrent de partout pour cela. L'architecte fut le chevalier Louis Polette, et un religieux franciscain, Louis Ferri, de Bologne, en dirigea les travaux.

Le 8 septembre 1840 c'était fini. Le cardinal Lambruschini, qui mourut en 1854, protecteur officiel de l'Ordre et premier ministre du pape, en fit la consécration solennelle, escorté de nombreux cardinaux et évêques.

La régularité des lignes de cette basilique, son style très pur et l'harmonie de ses diverses parties architecturales, en font un très beau monument. La coupole est à la fois gracieuse et majestueuse. Elle repose sur quatre énormes piliers, chacun de vingt mètres de circonférence, qui, malgré leur masse, ne laissent pas que de produire un bel effet, grâce à la régularité de leurs lignes et à leur décoration.

Les deux chapelles de la sainte Vierge et du saint, que nous venons d'étudier, quoique placées sous cette coupole, ne gênent en rien la perspective, soit à cause de leurs dimensions restreintes, soit à cause que leur place a été bien choisie. D'ailleurs leur hauteur est peu considérable, six mètres au plus. Il n'en est pas de même, pour le dire en passant, dans les cathédrales d'Espagne. En voilà une idée étrange des architectes espagnols : ils ont placé au beau milieu de la nef, dans leurs magnifiques basiliques, le sanctuaire ou chœur de ces églises. Presque partout ce sont de très jolis monuments en marbre ou revêtus de marbres parfaitement fouillés, à sculptures superbes, souvent à galeries des mieux ouvragées et d'une belle élévation. Mais le résultat le plus clair, c'est qu'ils empêchent d'avoir une vue d'ensemble de l'édifice, ils en coupent les lignes et, pour le voir, il faut le parcourir tout entier. C'est une église au milieu d'une église. Et quand cet édifice s'appelle, par exemple, la cathédrale de Burgos ou celle de Tolède, si belles, on éprouve un véritable ennui de les voir ainsi obstruées. C'est au moins l'impression que nous éprouvons, nous, Français, dont le coup d'œil aime à avoir une vue d'ensemble. Il paraît que le contraire plaît aux Espagnols. Chacun son goût.

Dans la basilique de la Portioncule il y a aussi à voir quelques autres chapelles assez intéressantes : celles de saint Antoine [1], du Crucifix, de Saint-Joseph, qui renferme une très belle sculpture, et, complètement en relief, une terre cuite émaillée du célèbre Lucca della Robbia.

Dans l'intérieur du petit chœur (*coretto*) se trouve la chaire qu'ont illustrée saint Bernardin de Sienne et d'autres saints de l'Ordre. Avant de sortir, visitons la sacristie. Elle est spacieuse, fort bien aérée et ornée de tableaux remarquables, attribués au Pérugin, à Guido-Reni et à Spagna.

Au reste, le religieux qui accompagne les visiteurs ne manque point d'en faire remarquer les beautés.

Encore un petit détail :

Dans la chapelle de saint Charles Borromée est une planche qu'on fait remarquer au pèlerin, sur laquelle on a représenté saint François.

Elle faisait partie de son pauvre lit. On dit qu'aussitôt mort on y plaça son corps, pour le laver et le traiter selon les usages du temps. Cette peinture est la plus ancienne représentation du saint, puisqu'elle fut faite en 1227 ou 1228. Elle le représente tenant d'une main une croix, et de l'autre un livre sur lequel on lit ces mots :

HIC LECTUS
MIHI VI-   FUIT ET
VENTI   MORIENTI

« Cette planche fut mon lit pendant la vie comme après la mort. »

---

[1] Comme on le sait, saint Antoine de Padoue fut le premier saint de l'ordre des Frères Mineurs qui ait été canonisé après saint François d'Assise. Il avait rempli l'Italie et le midi de la France du bruit de ses miracles. Il combattit lui aussi l'hérésie des Albigeois avec une telle puissance que, de son vivant, on le surnommait le marteau des hérétiques. A Toulouse, où il les attaqua avec le plus de vigueur, au foyer même de leur secte, il les confondit un jour par le célèbre miracle si connu de la sainte Eucharistie qu'il fit adorer par une mule qui, sur son ordre, se prosterna devant elle, en présence d'une foule nombreuse d'hérétiques qui lui en avaient porté le défi, comme preuve manifeste de Notre-Seigneur au très saint Sacrement. Il y a au musée de Toulouse un tableau représentant ce miracle. (Bollandistes, *Acta sanctorum*, 13 junii.)

§ 4. — LE SPINETO ET LA CHAPELLE DES ROSES

En sortant de la basilique, on longe un corridor qu'on appelle le chemin des Anges, et on passe devant un petit jardinet nommé le *Spineto*. C'est là que sont les miraculeux rosiers de saint François.

Ce n'était en ce temps-là qu'un étroit terrain vague et broussailleux rempli de rosiers sauvages tout hérissés d'épines. Une nuit, le saint fut très violemment tenté par le démon pendant qu'il priait.

Quand une âme d'élite est arrivée à un degré éminent de perfection, le mauvais ange, avant de perdre courage et de l'abandonner, fait des efforts inouïs pour l'entraîner au mal. Il en coûte tant à sa malice de le laisser en paix à Jésus-Christ!

Or, pour ces âmes saintes, la lutte est proportionnée à leurs forces et le démon fait rage contre elles.

Cela nous explique ces rudes assauts, ces combats effrayants, ces tentations terribles que nous raconte la vie des grands serviteurs de Dieu et la haine extraordinaire de l'enfer contre eux.

Inutile de citer des noms : depuis le grand apôtre qui l'a raconté pour lui-même jusqu'à notre vénérable curé d'Ars et à nos derniers saints, toute l'histoire hagiographique en est pleine.

Ces épreuves, il les faut; elles fournissent à ces grandes âmes l'occasion de nouveaux mérites, de croître encore plus dans l'humilité, et à nous de précieux exemples.

Elles nous enseignent en outre que la vertu ne grandit que par l'épreuve, et que le ciel ne s'acquiert que par la lutte : *Il ne sera couronné que celui qui aura bien combattu*[1]... *C'est parce que tu étais agréable à Dieu*, dit l'ange à Tobie, *qu'il fallait que tu subisses l'épreuve*[2].

D'ailleurs pourquoi craindre? Dieu est toujours là pour aider notre faiblesse par sa grâce puissante, et il ne permet jamais, dit l'Apôtre[3], qu'on soit tenté au-dessus de ses forces.

Aucun saint n'est devenu saint tout d'un coup. Leur sainteté a été, pour tous, le résultat de leur fidélité à la grâce et de leurs efforts pour repousser l'esprit du mal.

[1] II Tim., II, 5.
[2] Tobie, XII, 13.
[3] Cor., X, 13.

Une nuit donc où François méditait avec larmes sur la passion de son Sauveur, le diable, pour le distraire de ses entretiens tout séraphiques, obséda son esprit de toute manière. Il chercha à lui persuader qu'il allait à l'excès dans ses mortifications, ses rudes pénitences et ses jeûnes presque continuels; que c'était de l'orgueil de sa part de vouloir passer ainsi pour un grand saint; que d'ailleurs il était même coupable, puisqu'il compromettait sa santé en diminuant ses forces, dont il avait grand besoin pour son ministère apostolique. En somme, il lui prêchait habilement le relâchement, sinon la sensualité. Or c'était même la seconde fois qu'il subissait sur ce point cet assaut infernal.

François reconnut vite ses ruses. Pour y couper court, il adopta le moyen héroïque qu'avait employé autrefois saint Benoît, aux jours de sa jeunesse, dans une tentation contre la sainte vertu, au désert de Subiaco.

Il se lève, se dépouille de ses vêtements, et, profitant des ténèbres de la nuit, va se rouler à nu dans les buissons et les rosiers sauvages jusqu'à ce que son corps en fût tout ensanglanté, en s'écriant : « Ange du mal, sache qu'il vaut bien mieux pour moi goûter les épines et les douleurs de la passion de mon Sauveur que suivre tes perfides conseils. »

Et le démon se retira honteusement vaincu.

Dieu récompensa immédiatement par un miracle l'héroïsme de son serviteur. Ces épines se changèrent aussitôt en rosiers tout ornés de magnifiques roses rouges et blanches : rouges comme le sang de ce saint corps, blanches comme son cœur virginal. Et voilà que sur la plupart des feuilles apparut aussi une tache de sang. Ceci se passait en janvier 1217.

Depuis sept siècles bientôt ce prodige continue toujours : ces rosiers, quand on les taille, repoussent sans épines, et leurs feuilles repoussent aussi ornées de sang. Ce fait, nous l'avons constaté nous-même ; nous avons là, sous nos yeux, quelques-unes de ces feuilles, quasi reliques, cueillies en notre présence dans ce lieu béni.

Chose extraordinaire, on a très souvent essayé de planter ou de greffer de ces rosiers dans d'autres terrains. Inutile ; ou ils meurent bientôt, ou ils poussent sauvages comme étaient les premiers, sans qu'aucune feuille porte tache de sang.

Tout à côté, à quelques pas de ce Spineto, se trouve un tout petit sanctuaire nommé la chapelle des Roses, parce qu'il touche presque au petit jardinet des rosiers merveilleux.

C'était là la pauvre cabane du saint; c'est dans cette espèce de crypte, de trois mètres au plus de chaque côté, qu'il se retirait pour prier et pour pouvoir plus librement se livrer à ces terribles macérations que le démon voulait lui faire abandonner. Que de visions célestes, que de communications surnaturelles n'y a-t-il point reçues!

C'est là encore, qu'à peine rentré de cet affreux supplice qu'il s'était infligé sur les rosiers sauvages, des anges vinrent le chercher, lui annonçant que le Sauveur et la sainte Mère l'attendaient dans la chapelle, où il reçut l'indulgence de la Portioncule. Il s'y rendit, portant, sur l'ordre des anges, douze roses blanches et douze rouges, qu'il prit en passant, et que Notre-Seigneur lui commanda d'offrir à sa divine Mère.

Cette cabane était tout simplement couverte de chaume et de roseaux. Plus tard, saint Bonaventure remplaça ce pauvre toit si rustique par une voûte, fit ouvrir deux petites fenêtres pour l'éclairer et laissa aussi tout ouvert un côté, afin que les fidèles pussent, derrière une grille de fer qui les sépare de l'autel, assister à la sainte messe.

Nous avons eu le bonheur d'y célébrer le saint sacrifice, et il nous souvient de l'émotion qu'on éprouve en ce lieu; il semble qu'on voit ses murs comme imprégnés du sang de ce martyr de l'amour divin, qu'on assiste aux angéliques visions qu'il y recevait si souvent et à la lutte que l'enfer conjuré livrait à sa vertu.

C'est absolument la même impression qu'on ressent dans le presbytère d'Ars, qui fut si longtemps le théâtre de scènes analogues.

Là aussi l'âme est saisie d'un sentiment d'admiration, et..., faut-il le dire?... de terreur. On se dit : C'est donc ici, dans cette vieille masure, qu'a vécu près de cinquante ans l'homme le plus humble et le plus pénitent de notre siècle d'orgueil et de sensualisme! Ici que le démon a fait rage constamment contre ce pauvre prêtre. Voilà, sous nos yeux, livrés à notre vénération, les instruments de ses macérations et de ses pénitences! Voilà encore, partout, jusque sur les murs délabrés, les traces incontestable de la haine odieuse et bête du tentateur! Et ce pauvre curé de campagne l'a vaincu! Ces géants chrétiens sont maintenant dans la gloire et la félicité; mais il faut convenir qu'ils sont passés par de rudes combats. Et notre ciel, à nous, quel sera-t-il? à nous qui, hélas! faisons si peu pour le gagner.

VIII

LE COUVENT DE LA PORTIONCULE

Le couvent de la Portioncule est une très vaste et très agréable maison qui touche à la basilique. Elle est habitée par les religieux franciscains qui desservent le sanctuaire.

Évidemment ce n'est pas ce couvent qu'a habité saint François. Celui-ci fut commencé en 1493, nous a-t-on dit, par le bienheureux Bernardin de Feltre. Il se compose de quatre grands corps de logis qui forment un vaste carré. Au milieu est une grande cour, et, tout autour, un magnifique cloître décoré de superbes peintures qui, au nombre de quarante-cinq, redisent les gloires de l'Ordre.

Comme nous l'avons dit, les Conventuels habitent le couvent d'Assise même.

Aussi, par la volonté de la Providence et de son illustre fondateur, chacune des deux principales branches du grand Ordre séraphique a reçu sa part d'honneur : l'une garde son berceau, l'autre le tombeau précieux[1].

Le couvent de la Portioncule sert particulièrement de sanatorium aux pauvres franciscains, que la vieillesse ou la fatigue du saint ministère de la prédication obligent au repos.

Disons que ces bons religieux n'auraient pas choisi mieux. Ici ils

---

[1] Godescard, dans la *Vie des Saints,* au 4 octobre, fait une nomenclature fort intéressante des diverses congrégations de l'Institut de Saint-François.

trouvent un climat fort doux et salubre ; la maison y est très aérée et très ensoleillée. Et l'âme se retrempe dans des souvenirs très agréables et bien de nature à les porter à la sainteté.

Parmi les fresques que l'on y voit avec plaisir il y en a une qui représente le bienheureux Pierre de Catane, le second disciple de

Saint François écrivant sa règle sous l'inspiration de Notre-Seigneur.
(D'après Juan de Sévilla.)

saint François et puis son vicaire général. La légende franciscaine raconte, au sujet de ce religieux doué d'une naïveté charmante, le fait merveilleux que nous allons rapporter.

Pierre mourut le 10 mars 1221. Il n'était resté que peu de temps vicaire général de son cher maître. Prêtre, chanoine, religieux, toujours il avait été un homme de grande vertu, édifiant ses frères par sa ferveur. Une fois sous la direction de saint François, il devint un vrai saint. Sa mort fut des plus belles.

Or voilà qu'il fut à peine enseveli que Dieu se mit à manifester et à récompenser ses mérites par un grand nombre de miracles. On venait en foule et de loin prier sur sa tombe, et les faveurs célestes, les miracles se multipliaient de plus en plus.

Il arriva enfin que ce concours incessant devint un dérangement continuel pour les religieux, dont la pieuse solitude n'existait plus, et leurs méditations, leurs exercices spirituels en souffraient.

Saint François se trouvait absent quand Pierre mourut. Dès son retour, les Frères, après lui avoir annoncé la perte qu'ils avaient faite, le mirent aussi au courant de la situation fâcheuse que ce concours de pèlerins leur causait. Au reste, le saint patriarche vit bientôt par lui-même le bien fondé de leurs plaintes.

Pris alors d'un saint zèle et d'une confiance qui ne doutait jamais, il va au tombeau de son vicaire qu'il avait tendrement aimé, et, avec cette foi qui obtenait toujours, il lui adressa ces paroles :

« Frère bien-aimé, vous m'avez toujours obéi avec la plus grande fidélité pendant votre vie, d'une affection toute filiale ; eh bien, je désire que vous m'obéissiez encore après votre mort. A cause de vous, vous le voyez, nous sommes continuellement troublés par les séculiers, et l'esprit religieux de vos frères en souffre grandement. Donc, au nom de la sainte obéissance, je vous ordonne de cesser de faire des miracles. »

Et les miracles cessèrent dès ce moment; par suite, les pèlerins discontinuèrent bientôt de venir, et les pauvres religieux retrouvèrent le calme et l'entière liberté de leur vie spirituelle.

Quelque temps après, saint François, voulant donner à ce saint corps une sépulture plus honorable, le fit exhumer pour le transporter dans la sainte chapelle. Quel ne fut pas l'étonnement des nombreux assistants, quand on le trouva retourné et à genoux, la tête inclinée, dans la posture d'un religieux qui accepte avec humilité l'ordre de son supérieur.

Cet épisode a été consigné par le célèbre annaliste le Père Wading, dans l'histoire de l'Ordre, d'après un très ancien manuscrit soigneusement conservé aux archives du Vatican.

Par la permission des papes, Pierre de Catane fut inscrit, avec le titre de bienheureux, aux martyrologes franciscains.

Si ce récit tombait sous les yeux d'un homme du monde comme il y en a tant aujourd'hui, d'un libre penseur ou rationaliste, quel sourire de pitié, quels haussements d'épaule ne provoquerait-il pas probablement?

Et cependant, à tout prendre, les ridicules, les illogiques, les... simples, ce ne sont point ces moines, ces pauvres moines du XIIIe siècle, dont les légendes, charmantes dans leur sainte naïveté, nous racontent la vie angélique. Détachés de tout, aimant Dieu de toutes les fibres de leur âme, vivant dans un corps mortel comme s'ils n'en avaient point, Dieu récompensait leur foi admirable et confiante par des prodiges qui ne les étonnaient point, eux, parce qu'ils croyaient à sa puissance et à son amour.

Les illogiques, les ridicules, les insensés, ce sont donc ces prétendus esprits forts qui voudraient contrôler et discuter, en tout, la puissance et la bonté de Dieu envers ses séraphiques enfants du cloître.

Assurément ces miracles, dont est remplie l'histoire des saints, on peut bien ne pas les croire, car ce ne sont point des articles de foi. Mais du moins ils méritent le plus profond respect, car ils reposent pour la plupart sur les témoignages d'auteurs contemporains dont quelques-uns de la plus grande valeur, ceux de la Portioncule en particulier sur l'affirmation du docteur saint Bonaventure; sur le témoignage de nombreux témoins, et parfois de foules entières qui les ont acclamés.

Le Saint-Esprit a vu d'avance cette race, cette tourbe de raisonneurs et de rationalistes, ces prétendus *intellectuels*, comme ils se nomment aujourd'hui, et il met dans leur bouche pour le jour des suprêmes et grandes manifestations ce langage et ces regrets tardifs et désormais impuissants : « Les voilà donc, ces pauvres religieux; les voilà ceux que nous avions autrefois en dérision et en mépris. Nous regardions leur vie comme une folie et leur fin comme un déshonneur : insensés que nous étions! Voilà qu'ils sont comptés parmi les enfants de Dieu; les voilà parmi les élus! Ah! que nous nous sommes donc trompés. Nos pieds se sont lassés dans les chemins tortueux de l'iniquité et de la perdition;... nous avons méconnu la voie du Seigneur notre Dieu. A quoi donc nous a servi notre orgueil? A quoi aussi la folle jactance de notre or? Tout cela nous a menés aux abîmes éternels tandis qu'eux sont dans la suprême félicité [1]! »

----

[1] Sag. v, 4, 5 et 6.

Oui, il n'y a que les esprits superficiels ou antichrétiens qui puissent rire du surnaturel : voilà pourquoi on ne lit point, sans pitié, ces paroles de Taine, que je citais en commençant, rendant compte de sa visite à la Portioncule : « On s'en va vite, car il n'y a rien de plus désagréable, après la dévotion vraie, que la dévotion fausse. »

Mais le surnaturel, c'est l'histoire même de la Portioncule, et il continue depuis sept siècles, et il n'y a jamais cessé.

Papes, saints, cardinaux, évêques, rois, princes, prêtres, religieux de tout genre et de tout nom, poètes, artistes, chevaliers, grands hommes de guerre ou de lettres, hommes et femmes de tous les rangs sociaux, sont accourus ici à la Portioncule, heureux d'y venir vénérer la divine Reine des anges et son illustre serviteur saint François d'Assise.

Et parmi ces innombrables pèlerins nous voulons, en finissant ce chapitre, en nommer un illustre entre tous, un qui, aujourd'hui, est le point de mire de l'univers entier, un dont nous, catholiques, sommes si justement fiers, et aux pieds duquel nous déposons, avec bonheur, l'hommage de notre filial amour et de notre si respectueuse admiration : Léon XIII, glorieusement régnant.

Personne n'ignore quelle tendre dévotion il professe pour la très sainte Vierge. Mais ce que l'on sait moins, peut-être, c'est que c'est à Assise, à Sainte-Marie-des-Anges, qu'il aimait à aller la manifester.

C'est là qu'il se rendit avant d'aller prendre possession de son évêché de Pérouse, pour placer son épiscopat sous la protection de cette bonne Mère ; là encore qu'il revenait souvent faire ses dévotions au tombeau du grand saint, respirer cette atmosphère mystique et si pure de la basilique de Marie, de l'église de sainte Claire, qui protègent ce pays privilégié, et lui attirent tant de grâces et de bienfaits.

Et depuis ces jours déjà lointains, l'amour du grand Pontife pour l'Ordre de Saint-François n'a certes pas diminué. En preuve, l'acte souverain et si plein de sollicitude paternelle par lequel il vient, tout récemment, de réunir les branches diverses de l'Arbre séraphique en un seul faisceau sacré.

Nos dévotions étant finies à saint François et à ses sanctuaires, allons maintenant faire une visite à son illustre fille, à sainte Claire. Le touriste et l'ami des arts ne trouveront guère à admirer sans doute dans cette modeste et vieille église, mais un bon chrétien ne peut pas quitter Assise sans aller prier au tombeau de cette grande sainte, seconde gloire de cette heureuse cité.

IX

VISITE A SAINTE-CLAIRE

« Dans toute l'histoire évangélique les femmes jouent un rôle très remarquable, a dit le comte de Maistre, et dans toutes les conquêtes célèbres du christianisme, faites tant sur les individus que sur les nations, toujours on voit figurer une femme[1]. »

Depuis le Calvaire, nous la voyons, en effet, à côté des saints, et à l'origine des grandes choses.

Il semble que Dieu a voulu que, de même qu'elle a coopéré à la chute du genre humain, de même elle coopère à son relèvement. Et, comme preuve de cette vérité historique et religieuse, nous n'avons qu'à citer quelques noms des plus connus :

Ne sont-ils pas inséparables, en effet, les noms de Macrine et saint Basile, et saint Grégoire de Nysse, ses frères ? Sainte Hélène et Constantin ; saintes Paule et Eustochie et saint Jérôme, qui leur dédia sa Vulgate ; sainte Scholastique et saint Benoît, l'illustre patriarche des moines d'Occident. La comtesse Mathilde, soutenant de ses puissantes et chastes mains le trône si éprouvé et branlant du grand pape saint Grégoire VII. La reine Blanche, qui domina si bien le règne de son illustre fils, notre saint Louis.

Jeanne d'Arc, envoyée de Dieu pour relever le courage du faible Charles VII et sauver la France aux abois ; Isabelle de Castille, pro-

---

[1] *Soirées de Saint-Pétersbourg*, t. II, sur les sacrifices.

tégeant, encourageant Christophe Colomb dans sa découverte du nouveau monde ; sainte Thérèse, appuyant si fortement les évêques, les docteurs de son temps, les fondateurs d'ordres, pour réformer non seulement le Carmel, mais toute la société chrétienne ; sainte Jeanne de Chantal, appui toujours si intelligent et dévoué de saint François de Sales. Et enfin, plus près de nous encore, la vénérable Louise Marillac, donnant un si précieux concours à saint Vincent de Paul pour la fondation de l'admirable institut des Filles de la Charité.

Eh bien ! ce fut aussi par une volonté toute providentielle que saint François d'Assise eut à côté de lui une âme d'élite pour l'aider à réformer la société de son temps. Car il voulait que ce relèvement social, au XIIIe siècle, ne s'étendît point seulement aux hommes, par la fondation de l'Ordre franciscain, mais encore aux femmes par l'institution de l'Ordre similaire des Clarisses.

Et il choisit pour instrument de cette œuvre la très douce, très pure et très illustre vierge sainte Claire, d'Assise, elle aussi, comme saint François qui allait être son guide, son directeur et le parfait confident de son âme. Elle se fit donc avec une humilité et une obéissance admirables la fille spirituelle de saint François.

C'est une belle figure assurément ; elle ressemble à son glorieux père, comme nous le verrons.

Le merveilleux ne manque point dans sa vie, pas même une aimable et suave poésie, car cette âme était un ange sur la terre.

Par une infinité de côtés elle est l'image du saint patriarche, et reproduisit ce type admirable. Comme lui, belle intelligence, cœur de séraphin, amoureuse de pauvreté au dernier point, assoiffée de souffrances et de mortifications ; thaumaturge dont les miracles et les prodiges de tout genre étaient presque continuels, enfin fondatrice d'une innombrable famille de vierges, qui sont un des fleurons de la divine couronne de notre mère la sainte Église, sa joie et son secours pour le bien des âmes : voilà quelle fut celle que nous allons vénérer dans son tombeau glorieux.

Parcourons un peu son histoire ; elle nous dira le mérite et la grandeur de son sacrifice.

Issue d'une famille noble, riche et puissante, Claire vint au monde en l'an de Notre-Seigneur 1193, à Assise même ; elle était donc plus jeune que saint François de onze ans. C'était une enfant d'une ravissante beauté.

Dieu, qui la destinait à de grandes choses, se plut à enrichir son cœur de ses dons les plus précieux. Il faut citer surtout, parmi les largesses divines, le don d'une mère éminemment pieuse. Grâce inappréciable dont un enfant ne saurait jamais assez remercier le ciel.

Hortulane, c'était son nom, mit tous ses soins à l'éducation de l'âme de ses filles. Elle comprenait, cette femme sérieuse, qu'une enfant n'est pas une petite idole, que l'on pare et dont on s'amuse ; qu'il y a une âme faite à l'image de Dieu, et que sa formation doit être la plus grande des préoccupations d'une mère, comme aussi ce n'est point l'affaire d'un jour.

Oh ! combien se trouva-t-elle heureuse quand elle vit sa Claire bien-aimée répondre admirablement à ses soins, et en même temps qu'elle montrait une intelligence remarquable, se signaler par une angélique innocence et par une très grande piété. Dans ce petit cœur prirent place, à bonne heure, trois amours qu'on rencontre presque toujours dans l'âme des grands saints : un amour ardent pour Dieu, l'amour de la pauvreté et l'amour de leur mère.

Telle fut l'enfance de sainte Claire, un petit ange égaré sur la terre pour faire aimer le ciel ; grandissant sans cesse dans une atmosphère de haute piété, et, sous les effluves de la grâce, se préparant, à son insu, à la grande mission que Dieu lui confierait. Cette mission, on sait quelle elle fut et combien elle y resta fidèle.

Une chose digne de remarque, c'est que lorsqu'on a lu la vie de cette illustre servante de Dieu et celle de saint François, on est étonné de l'analogie parfaite qui existe entre les deux. On dirait que Dieu les a calquées l'une sur l'autre : les grâces qu'il leur accorda si largement sont les mêmes ; leurs vertus, les mêmes et à un degré qui semble pareil... De ces deux âmes, Dieu seul sait quelle fut la plus parfaite.

Comme les séraphins du ciel reflètent dans leur nature admirable les diverses perfections du Très-Haut, ainsi ces deux séraphins de la terre ont reproduit, avec toute l'ardeur de leur cœur embrasé, tous les traits du divin modèle, Notre-Seigneur Jésus-Christ, auquel ils s'efforçaient de ressembler toujours de plus en plus.

Claire quitta le monde malgré les répugnances de son père, qui la destinait à une riche et brillante union. Depuis longtemps elle avait confié la direction de son âme à saint François, qu'elle visitait fréquemment dans son couvent de la Portioncule.

Un jour enfin, c'était le 12 mars 1212, lundi des Rameaux (elle n'avait pas fini dix-neuf ans), toute parée encore des riches habits du monde, elle quitta la maison paternelle de bon matin avec quelques amies et se rendit à la Portioncule. Le saint, prévenu, les attendait. Accompagné de ses religieux, qui portaient tous un cierge à la main, il les reçut à l'entrée de l'église, au chant du *Veni Creator*. Arrivée devant l'autel, Claire se dépouille de ses luxueux vêtements, et demande à son vénéré père l'habit de la pénitence pour elle et ses compagnes.

Saint François, après leur avoir adressé une pieuse allocution, accéda à leur désir, les fit revêtir d'un costume pauvre et grossier, qui ressemblait à un sac attaché autour des reins par une corde; puis il coupa leur abondante chevelure, ornement de la vanité du siècle, et les consacra au Seigneur.

Ne pouvant ni ne voulant les garder près de lui, il les envoya dans un monastère des Bénédictines de Saint-Paul, d'où peu après elles passèrent dans un autre à Sainte-Agnès de Pauso, appartenant à l'ordre de Saint-Benoît, dans le voisinage même d'Assise.

Bientôt les représailles du démon arrivèrent. Reproches, mauvais traitements, violences de tout genre, rien ne leur fut épargné de la part des parents pour les faire rentrer dans le monde. Claire surtout eut à subir des assauts terribles; mais tout fut inutile. Elles s'étaient données à Dieu, à Dieu elles resteront.

Quand la tempête eut passé, ce fut un bonheur ineffable dont le Seigneur inonda le cœur de ces pieuses vierges dans cette nouvelle résidence de Saint-Damien.

Ce bonheur s'accrut d'une manière plus complète encore pour Claire par l'arrivée de sa petite et bien-aimée sœur Agnès, qui vint partager sa vie du cloître. Il faut dire que ce ne fut pas sans des difficultés extrêmes qu'elle put réussir à la garder auprès d'elle.

Leur père, en effet, irrité au dernier point de voir encore sa seconde fille le quitter, mit tout en œuvre, même les moyens les plus violents, pour la reprendre.

Avec quelques hommes résolus il envahit leur saint asile, et la poursuivant jusqu'au pied de l'autel il essaya de l'en arracher. Heureusement que Dieu intervint par un miracle sur les instantes prières de Claire. Ce fut alors enfin la tranquillité et la paix, même bientôt avec leur propre famille. Un autre événement vint mettre le comble à leur félicité. Quelque temps après, leur père toujours chéri quand même, et qui avait enfin trouvé dans la foi la résignation du départ de ses filles, mourut pieusement et pleinement consolé. Hortulane, désolée de la perte de son mari qu'elle aimait tendrement, passa dans les prières et dans les larmes les premiers jours de son veuvage. Puis, poussée elle aussi par la grâce de Dieu, elle confia sa troisième et plus jeune fille Béatrix à son beau-frère, qui consentit à se charger et de l'enfant et de l'administration des biens qui lui revenaient; ensuite, ayant distribué aux pauvres une grande partie de sa fortune personnelle, elle vint demander le voile de la vie religieuse à Claire sa fille chérie, en son monastère de Saint-Damien. Saint François s'y rendit pour recevoir ses vœux. Elle y vécut d'une ferveur exemplaire et y mourut saintement. Plus tard, on exhuma son corps pour le placer dans le même tombeau que ses deux filles Claire et Agnès.

Et maintenant il nous semble inutile de raconter la vie tout angélique de sainte Claire, de dire son ardeur si connue pour la pénitence, son amour de séraphin pour Notre-Seigneur, amour qui augmentait sans cesse, et aussi son absolu détachement de tout ce que le monde estime.

Sa sainteté devint telle que Dieu n'attendit point sa mort pour la révéler par des miracles. On peut dire que chez elle comme chez saint François le miracle était à l'éclat continu; et comme ceux de son vénéré père, ils avaient tous le cachet d'une foi naïve et d'une simplicité admirable. Leur multiplicité étonnante, l'enthousiasme qu'ils occasionnaient ne servaient qu'à l'humilier davantage au point de lui arracher des larmes.

Un jour, le pape accompagné des princes ecclésiastiques de sa cour, étant venu la visiter, entra dans le pauvre réfectoire au moment où ses pieuses filles allaient prendre leur frugal repas. Prié de bénir ces pains de l'aumône qu'on venait d'apporter, le saint-père commande à Claire de les bénir elle-même en son nom. Épouvantée, elle s'y refuse humblement.

Sainte Élisabeth et sainte Claire, par Simone Memmi. (École italienne, XIVe siècle.)

Le pape ordonne; elle obéit. Et voilà que sous sa main qui, tremblante, forme sur eux le signe de la croix, ces pains se changent subitement en roses d'une admirable beauté qui embaument le réfectoire d'un merveilleux parfum.

Éperdue et humiliée au dernier point, elle se jette à genoux aux pieds du pape qui la relève avec bonté.

Voici un autre prodige, et celui-ci si éclatant, si public que la sainte Église l'a consigné dans le bréviaire romain. Il met en lumière, d'une manière charmante, l'amour si plein de confiance de Claire pour Jésus au saint Sacrement, ainsi que la bonté ineffable de Notre-Seigneur qui ne savait rien lui refuser.

Pendant que l'impie Frédéric II faisait la guerre au saint-siège et ravageait la vallée de Spolète, sur son ordre vingt mille Sarrasins, qu'il n'avait pas eu honte d'incorporer dans son armée, furent chargés de s'emparer d'Assise et de la noyer dans le sang. Ils se présentèrent donc devant la ville, animés d'ailleurs du plus cruel fanatisme.

Aussitôt la stupeur s'empare de tous les habitants, qui n'ignoraient certes point quel sort affreux leur était réservé si ces infidèles réussissaient à prendre leur ville.

Grande fut aussi l'épouvante de sainte Claire, qui craignait avec raison pour la vie de ses filles, mais surtout pour leur angélique vertu.

Or son monastère, dont elle était la prieure, situé à l'extrémité de la ville sur une petite hauteur dominant la vallée, fut précisément le point dont les barbares voulurent s'emparer pour entrer de là plus facilement dans la cité.

Que faire dans une circonstance aussi redoutable, aussi menaçante? Privée de tout secours humain, Claire eut selon sa coutume recours à Dieu.

Quoique malade en ce moment, elle se rendit dans la chapelle où étaient depuis longtemps déjà ses religieuses devant le très saint Sacrement exposé. Toutes suppliaient avec larmes Notre-Seigneur d'avoir pitié d'elles quand on vint annoncer que ces païens commençaient à appliquer leurs échelles aux murailles et s'apprêtaient à les escalader.

Alors, saisie d'une inspiration divine, Claire se lève; elle va droit à l'autel, et prenant dans ses mains si pures la monstrance sacrée qui contenait l'hostie sainte, elle accourt. Elle fait ouvrir la porte élevée du monastère qui dominait la vallée, et ses yeux voient avec épouvante la masse compacte des assiégeants. Elle entend leurs horribles clameurs et leurs menaces. C'en est fait d'elles, si Dieu n'intervient.

Un certain nombre d'entre eux gravissaient déjà les échelles; encore quelques instants et ce sera terrible.

Alors, élevant au-dessus de sa tête la divine Victime, elle trace avec elle sur ces barbares le signe sacré de la croix, et s'écrie :

« O mon Jésus! de grâce, ne livrez pas à ces bêtes féroces les âmes de vos filles qui n'espèrent qu'en vous [1]. »

Et une voix sortit de l'hostie sainte, qui lui répondit :

« Ne crains point, ma fille, je vous protégerai toujours. »

Au même instant ceux qui étaient sur les échelles furent frappés de cécité et de vertige. Ils tombent en poussant des cris affreux; la panique s'empare du reste de l'armée; tous s'enfuient éperdus, la plupart jetant même leurs armes afin de s'échapper plus vite. Ainsi, par l'Eucharistie, Claire sauva ses filles et sa patrie.

En écrivant ces lignes nous ne pouvons nous défendre d'un rapprochement qui n'a, hélas! que trop d'opportunité à l'heure présente.

Oui, en effet, nous ne le voyons que trop, la race des Sarrasins dure toujours, car le démon qui les conduit ne meurt pas. Ses suppôts se perpétuent sans cesse.

Et qu'importe qu'ils ne viennent plus du fond de l'Espagne, comme ceux de Frédéric II, mais des antres des sociétés secrètes? C'est toujours la même haine de Dieu, toujours la même guerre implacable aux âmes baptisées.

Aidés des cupides fils d'Israël, ils montent à l'assaut de la société chrétienne. Les voilà appliquant sans vergogne leurs échelles sacrilèges aux murs bénis de nos monastères.

Nos pures et angéliques vierges ont même, comme à Assise, le privilège de recevoir le principal assaut. C'est d'ailleurs ainsi que le diable a commencé toujours; il veut, ange du mal, que ses premières victimes soient les plus pures.

Réussiront-ils dans leur infernale besogne? C'est le secret de Dieu. Espérons cependant que non, car la sainte Église en a besoin. Elle

____

[1] « Domine, Domine, ne tradas bestiis animas confitentes tibi. » (Ps. LXXIII, 19.)

aussi ne meurt point. Elle en a usé bien d'autres, et certes de plus haute taille [1].

Nos empiriques de l'heure présente préconisent bien des moyens humains de salut social. Leurs moyens valent ce qu'ils valent. Sans les repousser, sachons cependant que le premier devoir serait de ne point faiblir, de résister avec cette fermeté chrétienne que l'Esprit-Saint appelle la vertu de force, une vertu cardinale après tout, et puis d'employer la prière, comme la vierge d'Assise, mais la prière avec l'humilité, avec la pureté de la conscience et avec la confiance en la bonté de Dieu. « Aide-toi, dit le vieil adage chrétien, et le Ciel t'aidera. » Ce n'est pas la coutume de la Providence de nous sauver sans nous. Dieu le pourrait, mais il ne le fait guère.

La porte historique où se passa ce prodige que nous venons de raconter existe toujours. Quoique murée, elle est cependant assez apparente pour qu'on la voie très bien. Et c'est avec un véritable plaisir qu'on la regarde.

L'Ordre religieux que fonda sainte Claire, à l'image de saint François et sous sa direction, se répandit avec la même rapidité et fut béni de Dieu avec une égale tendresse.

Ces pieuses filles sont partout, édifiant, souffrant pour les pécheurs et aidant l'Église à sauver les âmes.

Cet Arbre séraphique a, comme l'autre, poussé des branches fort nombreuses et d'une sève abondante. On peut en lire encore, dans Godescard, une intéressante énumération.

Sainte Claire mourut en 1253, le 11 du mois d'août. Elle avait par conséquent soixante ans, dont quarante-deux depuis que saint François lui avait donné le voile et l'avait placée à la tête du monastère

---

[1] Le meilleur serait de ne pas les craindre, car l'audace des méchants est faite en grande partie de la faiblesse des bons. Il y a quelque temps, alors qu'on annonçait bruyamment de prétendues représailles contre l'Église et qu'on parlait hautement de persécutions prochaines, un homme qui a fait beaucoup de bruit dit un jour dans les couloirs de la Chambre au grand évêque d'Angers, Msr Freppel :

« Eh bien, monsieur l'évêque, nous y sommes ! ne dirait-on pas que les lions sont déjà dans l'arène ?

— Des lions ! mon cher collègue, répondit le spirituel prélat ; non, pas précisément, il n'y en a plus ; mais des renards..., quelque peu embarrassés de leur queue, animal dangereux lui aussi, je ne dis pas le contraire, surtout pour les poules qui se laissent effrayer ; mais enfin avec lequel on peut lutter, sans être un héros, ni même beaucoup risquer de devenir martyr. » (*Extrait d'une allocution de Msr Freppel aux œuvres catholiques de son diocèse.*)

de Saint-Damien, qui devint le berceau de l'Ordre franciscain des *Pauvres Dames de Sainte-Claire* ou *Clarisses*.

Peu de jours auparavant elle avait appris, dans une extase, qu'elle mourrait bientôt, mais non pas sans avoir été visitée par le Seigneur et ses disciples; elle l'annonça avec joie à ses religieuses.

Or le Seigneur, c'est-à-dire le pape Innocent IV, qui professait pour elle une grande estime et l'aimait tendrement, était à Pérouse, à peine de retour du concile de Lyon avec sa cour. Mais la maladie de Claire faisait cependant des progrès si rapides qu'à toute heure on pouvait en craindre le dénouement. Tout à coup, pressé par une inspiration subite, le saint-père, sans se donner même le temps d'un peu de repos, annonce qu'il veut partir pour Assise; il y vient, en effet, et conduit avec lui ses cardinaux.

Grande fut la joie de sainte Claire, elle y reconnut immédiatement la réalisation de la promesse du Ciel. Elle demanda, avec la faveur de la bénédiction apostolique, une suprême absolution de toutes ses fautes, et la permission de baiser humblement, non seulement l'anneau du Pêcheur, mais aussi les pieds du pontife, comme Madeleine avait obtenu de baiser ceux du divin Maître.

Le pape se prêta avec une extrême bonté à tout ce qu'elle désirait. Quand ses illustres visiteurs furent repartis, sentant que sa fin approchait, elle adressa à ses religieuses ses dernières recommandations, puis il se passa une scène toute céleste, dont, au reste, elle fit part à l'assistance avec une extrême joie.

Notre-Seigneur daigna aussi lui apparaître accompagné de nombreuses vierges couronnées de fleurs, qui répandirent dans la cellule un parfum délicieux. La promesse divine se complétait donc pour elle au delà de toute espérance et de toute prévision. Parmi ces vierges de la cité céleste, il y en avait une incomparablement plus belle que les autres, une dont le regard saisit délicieusement son âme : c'était la très sainte Mère de Dieu. Marie s'approcha de sa fille de prédilection et l'embrassa tendrement. Cet embrassement inonda son cœur d'une telle joie, que son âme quitta sa dépouille mortelle, et, laissant sur son visage un ineffable sourire, elle s'envola, avec cette angélique escorte, dans l'éternel séjour du bonheur. C'était le 11 du mois d'août 1253; l'émotion fut grande dans Assise, la ville entière accourut et les larmes coulaient des yeux de tous.

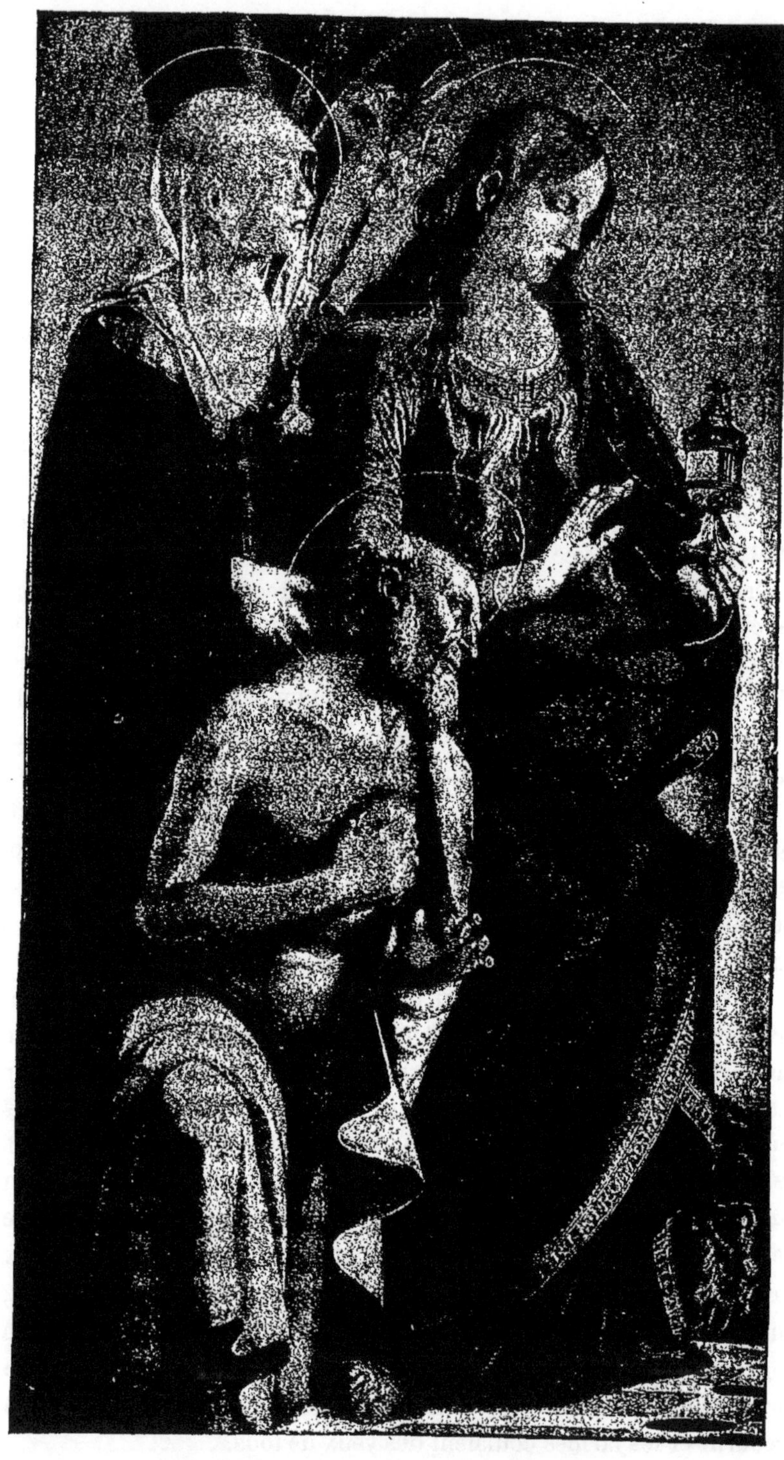

Sainte Claire, sainte Madeleine et saint Jérôme.
(D'après Lucas Signorelli, musée de Berlin.)

On en porta aussitôt la nouvelle au saint-père, qui en fut vivement ému et tous les cardinaux avec lui. Suivi de toute sa cour, il revint immédiatement à Saint-Damien. Sur son ordre, les funérailles furent préparées pour le lendemain. Il voulut les présider lui-même, escorté de tout le sacré-collège et suivi d'une foule immense.

Déjà on commençait l'office des morts, quand il fit observer qu'il vaudrait mieux chanter celui des vierges, préludant ainsi à la canonisation avant même que le corps fût inhumé. Mais cependant, sur les respectueuses observations de l'évêque d'Ostie, chef du sacré-collège, faisant remarquer que cela ressemblait à une canonisation officielle, le pape laissa continuer l'office des morts.

Lorsqu'il fut terminé, le même cardinal prononça, en présence de l'immense assemblée, une magnifique oraison funèbre de la grande servante de Dieu.

Puis, au milieu des chants de fête, avec tout l'appareil d'un triomphe, au son éclatant des trompettes sacrées, le convoi se dirigea vers l'église Saint-Grégoire, située dans l'intérieur d'Assise, et le saint corps fut porté au lieu même où avait été déposé, vingt-sept ans auparavant, celui de son bienheureux père François, comme s'il devait initier à la tombe celle qui l'avait si admirablement initiée à la sainteté.

Deux ans après, Alexandre IV la canonisa (1255), et cinq ans après ses restes précieux furent de nouveau transférés solennellement à Saint-Damien, où on a le bonheur de les vénérer encore.

Cette église, devenue basilique, par la faveur des papes, a désormais porté son nom.

Peu de jours après sa mort, sa bien-aimée et pieuse Agnès, si bien sa sœur par la nature et par la religion, vint la rejoindre dans la même tombe, ou, pour parler plus exactement, alla la retrouver au ciel.

UN MOT MAINTENANT SUR LA BASILIQUE DE SAINTE-CLAIRE

Au point de vue de l'art chrétien elle n'a rien de remarquable; elle est fort ancienne, puisqu'elle fut rebâtie du vivant même de la sainte, en 1227.

Chose extraordinaire : elle est fort simple, non seulement à l'extérieur et dans sa façade, mais qui plus est même à l'intérieur. Les murailles sont nues, ainsi que ses voûtes, ce qui se voit très rarement en Italie, où la moindre église de campagne est revêtue de peintures ou de sculptures, et parfois ornée de beaux marbres.

La rosace seule de la façade, en style flamboyant, fait exception ; elle est d'un effet superbe. Le saint corps est couché dans le tombeau du maître-autel, où les yeux des pèlerins le contemplent avec bonheur. Ces précieuses reliques et les souvenirs gracieux du passé sont presque l'unique richesse de cette basilique.

On se demande pourquoi, alors qu'il y a partout à Assise dans les sanctuaires tant de richesses artistiques, on a fait garder à cette église, où auraient cependant si facilement afflué les dons des fidèles, ce cachet de simplicité et de pauvreté qui étonne.

On dit que c'est pour respecter jusque dans la mort, et même dans sa propre église, l'amour passionné de cette grande âme pour la pauvreté.

Personne n'ignore que, de tous les saints, sainte Claire est peut-être, en effet, celle qui a poussé le plus loin l'amour du détachement de toutes choses ; « car, comme le proclame Alexandre IV dans sa bulle de canonisation, jamais elle ne voulut consentir à recevoir un bien, une propriété, de si minime valeur qu'elle fût, même au nom de sa communauté. Ce n'est pas seulement la pauvreté personnelle qu'elle entendait avoir embrassée, c'est, de plus, la pauvreté collective.

« Notre prédécesseur, Grégoire IX, continue le vénéré pontife, ne put parvenir à lui faire accepter qu'il dotât convenablement son monastère. Elle voulait absolument qu'elle et ses religieuses vécussent au jour le jour entre les mains de la Providence, uniquement confiées à ses soins paternels. »

Souvent elle répétait à ses filles ces paroles de Notre-Seigneur :

« Ne vous mettez pas en peine de vous-mêmes, vous demandant : Que mangerons-nous, de quoi nous vêtirons-nous ? Regardez les oiseaux du ciel ; ils ne sèment ni ne filent, ni n'amassent point des provisions dans les greniers. C'est mon Père qui les nourrit. Est-ce que vous ne valez pas plus que les oiseaux ? Combien en agira-t-il bien mieux pour vous, ô gens de peu de foi ? Il sait quels sont vos besoins. Cherchez avant tout le royaume de Dieu et sa justice, le reste vous sera donné par surcroît : à chaque jour suffit son mal [1]. »

Telle était sa doctrine, tels ses enseignements et la pratique constante et rigoureuse de sa vie, et Dieu ne lui fit jamais défaut.

Il fallait au monde d'alors cet exemple vraiment extraordinaire d'un pareil mépris des richesses, dans un temps de désordre où régnait la soif des jouissances et des biens terrestres.

C'est ainsi que saint François et sa glorieuse et angélique fille spirituelle sainte Claire furent les moyens dont la Providence se servit pour relever, par leurs lumineux exemples et par les deux Ordres qu'ils ont fondés, l'esprit chrétien gravement atteint dans leur temps.

Honneur donc et gloire à ces deux héros de la pauvreté, de la pénitence et de l'amour divin!

Or Dieu n'a pas voulu que les biens spirituels de ces deux Ordres religieux fussent exclusivement réservés à ceux qui quitteraient le monde pour revêtir leur pauvre livrée claustrale. Non, mais même les simples chrétiens restés dans leur famille et mêlés aux occupations et aux affaires du siècle peuvent y participer.

Voilà pourquoi il inspira à saint François l'heureuse pensée, imitée aussi par d'autres fondateurs de Familles religieuses plus tard, d'établir le tiers Ordre; c'est-à-dire d'associer tous les fidèles, de quelque condition sociale qu'ils fussent, à son saint Institut.

Il traça, dans ce but, pour les hommes, une règle qui les assimile autant que possible à ses religieux, et leur donne part à tous leurs mérites spirituels, et une règle pour les femmes, qui, tout en restant dans le monde deviennent, au même titre, les sœurs des pieuses filles de sainte Claire.

L'Église a toujours reconnu et approuvé ces tiers Ordres comme de très précieuses institutions, et tout dernièrement encore le grand pape Léon XIII, glorieusement régnant, recommandait en particulier, avec instance, celui de saint François, par une magnifique encyclique.

---

[1] Matth., VI, 18.

ÉPILOGUE

Tels sont nos souvenirs d'Assise.

Quand nous en avons commencé le récit, nous ne pensions certes pas les écrire si longuement. Mais à mesure que notre plume courait, notre âme retrouvait une à une les douces impressions ressenties aux sanctuaires de ces deux grands saints de notre Église catholique.

L'époque où ils ont vécu, les grands faits historiques qui se sont accomplis alors, ont été si intéressants, que nous avons, comme malgré nous, cédé à la tentation de les étudier un instant. Ils montraient, d'ailleurs, d'une manière si admirable la main de Dieu conduisant les événements pour le bien de son Église! Et puis c'est une étude si attrayante pour l'esprit et le cœur que de contempler Dieu dans l'histoire!

Quoi qu'il en soit de ce modeste travail, comme nous l'avons dit en commençant, il n'était pas destiné à être livré à la publicité, car les motifs qui l'ont fait entreprendre étaient tout personnels. Mais le conseil de nos amis, et surtout les exhortations pressantes d'un vénérable fils de saint François, si connu par son zèle d'apôtre, ont vaincu nos hésitations à le communiquer au public. Ils veulent bien nous dire qu'il est de nature à faire quelque bien, et que les aimants du saint patriarche pourront le lire avec quelque plaisir.

Or, faire le bien est l'ambition d'une âme de prêtre. C'est la nôtre. Eh bien! puisse-t-il, en mettant en relief cette incomparable figure du saint d'Assise, contribuer à répandre aussi l'amour pour nos saints, le culte qui leur est dû, ce culte qui contribuait, comme nous l'avons écrit déjà, à maintenir la foi dans l'âme de nos pères, et la ferait revivre parmi nous.

Est-ce donc que notre pauvre société naturaliste, sensuelle, égoïste, n'a pas un impérieux besoin de retrouver ce surnaturel qui fut toute la vie des saints, et dont ils nous ont laissé de si précieux exemples ?

De nos jours, où la grandeur est si rare, c'est pitié vraiment de voir dresser des statues partout à des personnages certes bien différents de nos héros chrétiens.

On glorifie, on *panthéonise* même parfois des hommes qui ont rempli de bien tristes rôles en leur temps. Est-ce que dernièrement encore nous n'avons pas vu le scandale de la glorification de Voltaire, — pour ne nommer que celui-là, — de cet homme si peu Français, de ce plat valet du roi de Prusse? Mis en comparaison avec notre angélique et glorieuse Jeanne d'Arc, celle-ci n'a pas été jugée digne encore de voir son héroïsme et ses bienfaits fêtés officiellement par le peuple qu'elle a sauvé, célébrés par la France qu'elle a arrachée à l'Angleterre. Il faut qu'elle attende !...

Heureusement que l'Église est là, qui s'apprête à le faire.

Mais à lui, le cynique insulteur, à lui dont le rictus riait de si bon cœur de sa patrie avec son royal maître, on fera pompeusement un superbe tombeau et on exaltera son nom [1].

Oh! quel malheur si ces cendres disparaissaient!

Oui, nos saints, même nos héros, nos vrais sauveurs de la patrie, après ces grands hommes de mauvais aloi: voilà la morale de ce siècle.

Eh bien! gardons les nôtres; soyons-en fiers et qu'ils gardent les leurs.

Saint Augustin a dit en son temps une parole célèbre sur certains

---

[1] De peur qu'on ne croie notre jugement exagéré, citons trois paroles de ce patriarche de l'impiété; elles suffiraient seules pour le faire connaître :

1re « Je mourrai bientôt, et ce sera en détestant la France, pays des singes et des tigres, où la folie de ma mère me fit naître. » (*Lettre du 7 août 1766, à d'Alembert.*)

2e « Allez, mes Welches (Français) ! Vous êtes les résidus, les excréments du genre humain ! » (*Discours de Voltaire aux Welches.*)

3o « L'uniforme prussien ne doit servir qu'à faire mettre à genou les Français ! » Signé : Voltaire. (*Lettre de mai 1775, à Frédéric II.*)

Est-ce assez infâme ! Et cet homme serait glorifié par des Français ! Au moins que ce ne soit pas par la France. Ce serait un crime de lèse-patrie.

personnages, beaucoup trop exaltés alors et très injustement : « On les loue là où ils ne sont plus, et ils expient là où ils sont [1]. »

A combien peut-être, parmi ceux dont les statues encombrent nos places et nos jardins publics, ne pourrait-on pas appliquer ce mot sévère au premier aspect, mais très juste, du grand et saint docteur d'Hippone !

Ajoutons que, fort heureusement, en France le bon sens ne meurt jamais. Il a des éclipses, c'est vrai, et quelquefois fort tristes; mais il finit toujours par se retrouver.

Il y a dans notre pays des éléments de bien trop considérables pour que le mal puisse y obtenir d'autres succès que des victoires passagères.

Quand on repart d'Assise, ce n'est point sans regret. Aussi, au moment où le train qui nous emportait se remit en marche, nous jetions tous un regard ému sur cette cité privilégiée.

Beau pays de saint François ! Nous sera-t-il donné de vous revoir? C'est peu probable. Dans tous les cas, nous proclamons heureux ceux qui peuvent revenir souvent retremper leur foi et leur piété dans ses bénis sanctuaires, y respirer cette atmosphère de sainteté si différente, hélas! de celle du siècle, comme aussi du terre à terre dans lequel s'écoule notre vie.

Terminons cette étude d'Assise par ces paroles si autorisées d'Alexandre IV, dans sa bulle de canonisation :

« Heureuse terre, visitée par les séraphins, imprégnée des larmes et du sang d'une grande victime. C'est là que l'étendard du salut, déployé par les anges, a dernièrement brillé sur l'Occident, comme il rayonna jadis sur les plages orientales. De quels ardents soupirs, de quelles prières enflammées, de quelles sublimes immolations n'a-t-elle pas été le théâtre; elle est devenue le second piédestal de la croix, un nouveau calvaire. Quel est le chrétien, quel est le prêtre qui ne se sentirait transporté d'amour en approchant et se retrempant par la méditation de ce céleste foyer [2]? »

Voilà pourquoi nous répétons, en finissant, qu'un voyage à Assise ne peut être complet qu'à la condition d'être un intelligent pèleri-

---

[1] « Laudentur ubi non sunt; cruciantur ubi sunt. » (S. Aug.)

[2] Alexandre IV, *Bulle de la canonisation.*

nage, c'est-à-dire d'avoir gardé dans son âme la foi et le sens chrétien.

Tandis que dans cette villé, qui ressemble si peu aux autres, les
enfants de l'Église voient partout le surnaturel, le *Christum cruci-
fixum* dont parlait saint Paul aux Corinthiens, les autres ne sauraient
y voir qu'étrangeté et folie [1]; car la pénitence et la divine sagesse de
la croix ne seront jamais que folie aux yeux du monde, incapable
d'ailleurs de les comprendre.

[1] « Judæis scandalum, gentibus autem stultitiam. » (I Cor., I, 23.)

FIN

TABLE

—

30232. — Tours, impr. Mame.

NOUVELLE COLLECTION

FORMAT GRAND IN-8° — 4ᵉ SÉRIE

— — —+ × +— — —

Alexandrie au Caire (D'), par Victor Fournel.

Ambition de Germaine (L'); JOURNAL D'UNE SŒUR AÎNÉE, par Pierre du Château.

Bernardine, par Henry Frichet.

Croquis de Grèce et de Turquie (1896-1897), par Henri AVELOT.

Duc d'Aumale (LE), prince, soldat, UN GRAND SEIGNEUR AU XIXᵉ SIÈCLE.

Douze César (LES), par Roger Dombre.

Duc Jean (L'HÉRITIER DU), par Champol.

Fille du Brahmane (LA), par Delauney du Dézen.

Général Bourbaki (LE), par François Bournand.

Georgette, par Mˡˡᵉ Marguerite Levray.

Guy Main-Rouge, suivi de : EL AMBAJADOR ; — L'EXPIATION DE SALOMÉ ; — LA CROIX SANGLANTE, par Charles Buet.

Légende du Mont Pilate (LA), suivi de : LE NOEL DE BÉBÉ VICTOR ; — LE DERNIER JOUR DE PHTA-NEHI ; — HISTOIRES A DORMIR DEBOUT ; — LES SEPT CHAMBRES DU DIABLE, par Charles Buet.

Nouvelle patrie, par Charles Vincent.

Sacrifiée, par Mᵐᵉ la comtesse de Beaumont.

Sœurs de grands hommes, par Mᵐᵉ Marie de Grandmaison.

Souvenirs de Corse, par Mᵐᵉ J. Beaulieu-Delbet.

Souvenirs du beau pays de saint François d'Assise, par l'abbé Contensou.

Une famille d'émigrés, par J. Gournay.

Une Française chez les sauvages, par Mᵐᵉ Goussard de Mayolle.

Un héros de la science moderne : Nansen, par Gustave Vallat.

Tours — Impr. Mame.

www.ingramcontent.com/pod-product-compliance
Ingram Content Group UK Ltd.
Pitfield, Milton Keynes, MK11 3LW, UK
UKHW022041070726
13613UKWH00002B/631